Heute einfach leben

Anselm Grün

Heute einfach leben

Impulse, Rituale & Anregungen
für die Fastenzeit

benno

Titel der Originalausgabe für den Text S. 30-120:
Questions and Answers © Karmelitánské
nakladatelství s.r.o., Kostelní Vydří 2007, Czech Republic,
www.kna.cz

Bibliografische Information der Deutschen Nationalbibliothek
Die Deutsche Nationalbibliothek verzeichnet diese Publikation
in der Deutschen Nationalbibliografie; detaillierte bibliografische
Daten sind im Internet über http://dnb.d-nb.de abrufbar

Besuchen Sie uns im Internet unter:
www.st-benno.de

ISBN 978-3-7462-2856-3

© St. Benno-Verlag GmbH
Stammerstr. 11, 04159 Leipzig
Gestaltung und Umschlag: Ulrike Vetter, Leipzig,
unter Verwendung eines Fotos von © picture-alliance/
Sven Simon
Gesamtherstellung: Kontext, Lemsel (A)

Inhalt

1.

Gott nimmt mich bedingungslos an.
Daher darf auch ich mich annehmen
mit meinen Fehlern und Schwächen,
mit meinen Schattenseiten,
die ich nicht so gerne anschauen möchte.

1. Woche: Gott für die eigene Geschichte danken

In Gesprächen begegne ich immer wieder Menschen, die mit ihrer Lebensgeschichte hadern. Sie fühlen sich benachteiligt gegenüber anderen Menschen. Sie haben in der Kindheit nicht die Geborgenheit erlebt, die sie erhofft hatten. Der Vater hat sie übersehen, weil er mit seiner Arbeit beschäftigt war. Die Mutter konnte sich zu wenig auf die Kinder einlassen, weil sie an sich selber genug zu verarbeiten hatte. Verletzungen aus der Kindheit tauchen immer wieder vor ihren Augen auf. Manche bleiben ihr Leben lang auf der Anklägerbank sitzen und werfen den Eltern, den Lehrern, der Kirche vor, dass sie ihr Leben nachhaltig beschädigt haben.

Oft genug benutzen sie die Anklage als Vorwand, um sich um die Verantwortung für das eigene Leben zu drücken. **Es ist immer bequemer, andere anzuklagen als selbst zu leben mit dem, was ich durch meine Geschichte mitbekommen habe.** Doch wenn ich mein Leben lang Opfer bleibe, wird von mir kein Segen ausgehen. Ich werde immer unzufrieden bleiben und an mir und meiner Wahrheit vorbeileben.

Der erste Schritt der Versöhnung besteht darin, mich mit meiner eigenen Lebensgeschichte auszusöhnen. Statt andere anzuklagen, sage ich mir: Das ist meine Geschichte. Ich habe Schönes erlebt. Aber es gab auch Verletzungen und Kränkungen. Aber auch sie haben mich stärker werden lassen. Sie haben mich herausgefordert, mich auf den Weg zu machen und an mir zu arbeiten. Ich habe von den Eltern gesunde Wurzeln mitbekommen. Aber manches an meinem Lebensfundament ist auch brüchig. Ich muss beides anschauen und mich damit aussöhnen.

Wenn ich mich mit meinen Verletzungen aussöhne, werde ich erkennen, dass sie bei allem Schmerz auch etwas Kostbares in sich bergen.

Hildegard von Bingen sagt, das Gelingen der Menschwerdung hänge davon ab, dass unsere Wunden zu Perlen verwandelt werden. Wo ich empfindlich bin, bin ich auch empfindsam. Dort werde ich behutsamer mit anderen umgehen. Und wo ich meine Wunden spüre, bin ich auch aufgebrochen für meine eigene Wahrheit.

Die Verletzungen brechen meine Masken entzwei, hinter denen ich mich so gerne verstecken möchte. Sie bringen mich in Berührung mit meinem wahren Kern. Und sie öffnen mich für Gott. Wenn ich meine Wunden Gott hinhalte, werden sie zu dem Ort, an dem ich Gott auf neue und tiefere Weise erfahre. Ich erlebe ihn als den wahren Arzt meiner Seele. Die Verletzungen halten mich lebendig. Sie hindern mich daran, nur oberflächlich dahinzuleben. Sie geben meinem Leben

Tiefe. Versöhnung mündet in der Dankbarkeit. Ausgesöhnt mit mir selbst vermag ich für die einmalige Geschichte zu danken, die mein Leben darstellt. Den eigenen Weg finden und gehen.

Übung

- Setze dich still vor eine Kerze, vor eine Ikone oder in die Kirche.
- Stelle dir vor, dass Gottes heilende und liebende Nähe dich umgibt.
- Und dann denke vor den wohlwollenden und liebenden Augen Gottes über deine Lebensgeschichte nach. (Was fällt dir ein? Wofür bist du dankbar? Welche schmerzlichen Erlebnisse kommen dir hoch?)
- Halte die Wunden Gott hin. Stelle dir vor, dass Gottes Liebe in deine Wunden dringt und sie verwandelt.
- Von Gottes Liebe berührt, hören die Wunden auf zu schmerzen. Sie dürfen sein. Sie werden zu Perlen, die dich schmücken.
- Dann bitte um den Geist der Versöhnung, damit du Ja sagen kannst zu dir, so wie du durch deine Lebensgeschichte geworden bist.

2. Woche: Das Unannehmbare annehmen

Das Schwierigste ist wohl, sich selbst zu vergeben. Wenn wir einen Fehler gemacht haben,
machen wir ihn uns oft noch zum Vorwurf. Wir
kreisen ständig um unser Versagen. Wir denken
darüber nach, was wohl die anderen über uns
denken. Wir zerbrechen uns den Kopf darüber,
warum uns dieses Missgeschick passieren konnte oder warum wir nicht besser aufgepasst
haben. Es braucht nicht immer Schuld zu sein,
die wir uns nicht vergeben können. Oft genug
sind es einfach Fehler, Versagen, Missgeschicke,
Versäumnisse, die uns widerfahren.

Warum fällt es uns so schwer, uns selbst zu vergeben? **Offensichtlich gibt es in uns die
Illusion, als ob wir unser Leben lang mit einer weißen Weste herumlaufen könnten.** Und wir möchten vor
uns selbst und vor anderen gut dastehen. Unser
Perfektionismus lässt keine Fehler zu. Und wenn
sie uns doch unterlaufen, dann werden wir zum
unbarmherzigen Richter über uns.

Eine Frau kam nicht davon los, dass sie beim Tod
ihrer Mutter nicht zugegen war, obwohl sie sie
vorher jahrelang hingebungsvoll gepflegt hatte.

Aber gerade im Augenblick des Todes machte sie eine Besorgung für die Mutter. Sie konnte sich nicht verzeihen und machte sich selbst das Leben zur Hölle.

Wir können uns nur selbst vergeben, wenn wir an die Vergebung Gottes glauben. Gott wirft uns die Schuld nicht ständig vor. Er vergibt sie uns, er wäscht die Schuld ab, wie es im Psalm 51 heißt: „Wasche die Schuld ganz von mir ab und reinige mich von meiner Sünde" (Ps 51,4). Weil Gott mir die Schuld nicht mehr vorwirft, soll ich meine Selbstvorwürfe lassen. Gott nimmt mich bedingungslos an. Daher darf auch ich mich annehmen mit meinen Fehlern und Schwächen, mit meinen Schattenseiten, die ich nicht so gerne anschauen möchte. In uns ist ein unbarmherziger Richter, das eigene Über-Ich, das uns ständig anklagt. Nicht Gott richtet uns, sondern dieser innere Richter, von dem Jesus sagt, dass er Gott nicht fürchtet und auf keinen Menschen Rücksicht nimmt (vgl. Lk 18,4).

Das Vertrauen auf den barmherzigen Gott ist die erste Voraussetzung, damit wir uns selbst vergeben können. Die zweite Bedingung ist, dass wir uns von der Illusion verabschieden, wir könnten unser Leben lang mit einer weißen Weste verbringen. Es ist schmerzlich, unser Selbstbild eines perfekten und fehlerlosen Menschen loszulassen. Wir müssen herabsteigen vom Thron unserer eigenen Selbstgerechtigkeit. Dann dürfen wir in aller Demut annehmen, dass Gott uns bedingungslos liebt. Paul Tillich, ein evangelischer Theologe, nennt die Vergebung „Annahme des Unannehmbaren". Wenn ich das Unannehmbare in mir annehme, dann erfahre ich Versöhnung mit mir selbst, dann habe ich im Vertrauen auf Gottes Vergebung mir selbst vergeben.

Übung

- Untersuche deine eigenen Selbstvorwürfe. Was wirfst du dir vor?

- Welches Bild von dir selbst steht hinter deinen Schuldzuweisungen?

- Versuche, alle Selbstbeschuldigungen loszulassen.

- Höre auf, dich zu beschuldigen und dich zu entschuldigen.

- Halte dich, so wie du bist, dein Verhalten, so wie es war, einfach in Gottes vergebende Liebe hinein. Und versuche, dir nun selbst zu vergeben. Vielleicht wird dann auch deine Schuld zu einer glücklichen Schuld. Sie stürzt dich vom Thron deiner Selbstgerechtigkeit. Sie lässt dich Mensch unter Menschen werden, barmherzig und milde, versöhnt und Versöhnung ausstrahlend. Du brauchst Gott gar nichts vorzuweisen. Ihm ist es lieber, du hältst ihm dein zerbrochenes Herz hin. Das wird er nicht verschmähen (Ps 51,19).

3. Woche: Versöhnung mit Gott

Nicht Gott muss sich mit uns versöhnen, sondern wir mit Gott. Gott ist immer bereit, uns zu vergeben. Die Vorstellungen, dass Gott wegen unserer Sünden beleidigt sei und dass er durch den Tod seines Sohnes versöhnt werden müsse, ist eine grobe Verstellung des biblischen Gottesbildes.

Die Versöhnung geht immer von Gott aus. Er ermöglicht uns in Jesus Christus einen Weg, wie wir uns mit Gott versöhnen können. Denn wir haben uns von Gott getrennt. **Wir sind unsere eigenen Wege gegangen, die uns in die Irre geführt haben. Umzukehren und sich dem Gott der Liebe zuzuwenden, das fällt uns schwer.** Das würde ja unser bisheriges Lebensgebäude über den Haufen werfen. Da braucht es die Botschaft Jesu und die versöhnende Ausstrahlung seiner Person, damit wir unsere Verirrungen aufgeben und uns wieder auf den Weg zu Gott machen. Jesus lädt uns ein, uns der versöhnenden Liebe Gottes zu öffnen und darin Frieden und Ermutigung zu erfahren.

Als ich in einer Beichte fragte: „Können Sie das Gott vergeben?", war die Frau zunächst verwirrt. Das hatte sie noch nicht gehört, dass sie Gott etwas vergeben solle. Doch oft werfen wir Gott vor, dass er uns dieses Leben so zugemutet hat, wie es gelaufen ist, mit unseren Missgeschicken,

mit dem Leid, das uns getroffen hat, mit der
Krankheit, mit unserer neurotischen Struktur.
Wenn ich schwer krank werde, rebelliere ich
gegen Gott. Die Bibel selbst lädt mich dazu ein,
Gott anzuklagen, dass er mich in Krankheit oder
Unheil geraten lässt. Doch die alttestamentlichen
Beter bleiben nie bei der Klage stehen. Sie ringen
sich immer wieder durch, von Gott anzunehmen,
was ihnen widerfahren ist. Das Einverstanden-
sein mit dem, was Gott mir zutraut, ist eine
Weise, Gott zu vergeben.

Ein anderer Aspekt der Versöhnung mit Gott
besteht darin, mir vom Leben meine Gottesbilder
zerbrechen zu lassen und mich mit dem ganz
anderen Gott auszusöhnen, der meinen Vorstellungen widerspricht. Unser übliches Gottesbild
ist das des barmherzigen und allmächtigen Gottes. Wenn ich in Leid gerate, müsste Gott das
doch verhindern, wenn er barmherzig ist. Und
wenn er allmächtig ist, könnte er mich auch
davor bewahren. Warum tut er es nicht?

**Das Leben führt mich immer wieder in Situatio-
nen, in denen mir Gott anders begegnet, als ich es
von ihm erwarte.** So besteht Versöhnung darin, diesen ganz anderen Gott anzunehmen und mich
vor ihm zu ergeben. Es geht mir dann wie Hiob,

der vor Gott in Staub und Asche fällt, indem er sagt: „Vom Hörensagen nur hatte ich von dir vernommen; jetzt aber hat mein Auge dich geschaut" (Hiob 42,5).

Das deutsche Wort „versöhnen" bedeutet ursprünglich: Frieden stiften, schlichten, still machen, küssen. Sich mit Gott versöhnen heißt: mit ihm über mein Leben sprechen und auch streiten, aber dann Frieden schließen mit Gott, vor ihm still werden, ihn küssen, einverstanden sein mit dem, was er mir zumutet.

Übung

- Welche Bilder hast du dir von Gott gemacht?
- Hat dein Leben dir deine Gottesbilder bestätigt oder in Frage gestellt?
- Was wirfst du Gott vor?
- Schreibe Gott einen Brief. In ihm kannst du Gott alles vorwerfen, was dir schwerfällt.
- Aber dann frage in deinem Brief immer wieder Gott, wie er das alles gemeint hat und was seine tiefste Absicht mit dir ist.
- Und dann versuche ihm zu schreiben, dass du ihn annimmst als den Herrn des Himmels und der Erde und auch als deinen persönlichen Herrn.
- Bitte ihn, dass er dir inneren Frieden und Versöhnung schenken möge.

4. Woche: Gebet, das heilend wirkt

Manchmal erzählen mir Ratsuchende, dass sie immer noch unversöhnt sind mit Menschen, die sie verletzt haben. Sie liegen ihnen wie schwere, unverdaute Brocken im Magen und ziehen sie nach unten. Doch sie können sich nicht von ihnen befreien. Es gelingt ihnen nicht, ihnen zu vergeben. Die Ratsuchenden leiden an dieser Unfähigkeit zu vergeben. Denn sie spüren, dass sie dadurch unfähig sind, sich auf den Augenblick einzulassen und sich wirklich Gott zuzuwenden. Sie schleppen eine unbewältigte Last mit sich herum, die sie niederdrückt und oft genug depressiv werden lässt. Eine Hilfe in solchen Situationen kann es sein, das Wort Jesu zu meditieren, das er am Kreuz gebetet hat: „Vater, vergib ihnen, denn sie wissen nicht, was sie tun" (Lk 23,34). **Wenn ich einem Menschen gegenüber, der mich tief verletzt hat, das Wort Jesu bete, dann muss ich gar nicht selbst vergeben.** Ich bitte den Vater, dass er ihm vergeben möge. Manche wehren sich bei dem Gedanken: „Er oder sie wusste nicht, was sie tat." Aus ihnen sprudelt es sehr emotional heraus: „Der/die wusste genau, was er/sie tat. Die hat genau meine schwache Stelle getroffen. Der wusste, wie er mich verletzen konnte. Er hat es mit Absicht getan."

Natürlich war die Verletzung kein Versehen. Aber vielleicht wusste er doch im Tiefsten nicht, was er tat. Vielleicht war sie zu sehr von ihren eigenen Verletzungen bestimmt, so dass sie sie nur weitergegeben hat. Weil er selbst krank ist, musste er mich kränken. Sie fühlt sich selbst so schwach, dass sie sich nur dann am Leben spürt, wenn sie andere schwächt. Wenn ich mir das vorstelle, dann verlieren die andern ihre Macht über mich. Sie werden zu verletzten Kindern, die andere verletzen. Ich habe Mitleid mit ihnen, aber sie bestimmen mich nicht.

Die Mörder Jesu sahen sich im Recht. Sie meinten, mit der Tötung Jesu Gott einen Gefallen zu erweisen. Vielleicht fühlen sich auch manche, die mich verletzen, im Recht. Jesus distanziert sich im Gebet für sie von ihnen. Er spielt nicht die Rolle des Opfers, das alles mit sich geschehen lässt. Er zieht sich im Gebet vielmehr auf sich selbst zurück, auf sein Inneres, in dem er unverletzlich ist und frei. Wenn ich das Gebet Jesu eine halbe Stunde lang in die Wunde hinein spreche, die mir jemand zugefügt hat, dann führt mich das Gebet in den inneren Raum der Stille, in dem Gott in mir wohnt und in dem niemand mich verletzen kann. **Und das Gebet verwandelt meine Beziehung zum andern.** Ich erlebe ihn nicht mehr als mächtig und bedrohlich. Ich ahne, dass er gar nicht weiß, was er tut, dass er von seinen eigenen inneren Zwängen getrieben ist, unglücklich, gekränkt, verletzt. Das Gebet Jesu befähigt mich auf einmal, ihm von Herzen zu vergeben. Ich muss mir die Vergebung nicht vornehmen. Das Gebet selbst bewirkt in mir eine versöhnende Stimmung. Ich fühle mich trotz der Verletzung im Frieden mit mir. Und von diesem Frieden strömt auch etwas zum andern hin.

Übung

- Schreibe dir drei Personen auf, die dich verletzt haben.

- Wer fällt dir spontan ein? Wenn dir niemand einfällt, dann danke Gott, dass du mit dir und mit den Menschen versöhnt bist. Wenn dir aber einige einfallen, dann bete jeweils im Blick auf eine der drei Personen, die du aufgeschrieben hast, das Wort Jesu: „Vater, vergib ihm/ihr, denn er/sie weiß nicht, was er/sie tut."

- Nimm dir für jede Person zehn Minuten Zeit. Und dann beobachte, wie die zehn Minuten Beten deine Haltung zu dieser Person verändern.

- Wenn du immer noch Groll spürst, dann stelle dir Jesus am Kreuz vor, wie er seinen Mördern vergibt. Vielleicht hilft dir das, auch für die, die nach deinem Leben trachten, das Gebet Jesu zu beten und ihnen betend zu vergeben.

5. Woche: Das Sakrament der Versöhnung

Die Kirche rät uns, in der Fastenzeit zu beichten. Viele tun sich heute schwer mit der Beichte. Du musst nicht unbedingt beichten. Aber vielleicht tut es dir gut, einmal mit einem Priester darüber zu sprechen, wo du mit dir unzufrieden bist, wo du dich schuldig fühlst, wo das Leben nicht so läuft, wie du es dir vorgestellt hast. **Ein Beichtgespräch ist eine große Hilfe, sich mit seinem Leben wieder auszusöhnen und das Vergangene loszulassen.** Viele sagen: Gott vergibt mir auch ohne Beichte. Das stimmt. Doch wenn ich wirklich schuldig geworden bin, dann fällt es mir schwer, an die Vergebung zu glauben.

Carl Gustav Jung, der schweizerische Therapeut, meint, Schuld würde den Menschen aus der menschlichen Gemeinschaft ausschließen. Da braucht er durch ein Mitglied der menschlichen Gemeinschaft die Bestätigung, dass er darin willkommen ist. Für Jung genügt es nicht, dem Schuldigen zu sagen: „Gott hat dir schon vergeben. Nimm es nicht so tragisch!" Wer wirklich Schuld auf sich geladen hat, der braucht ein Ritual. Das Ritual reicht bis in die Tiefen des Unbewussten. In unserem Unbewussten gibt es Blockaden, die uns daran hindern, an die vergebende Liebe Gottes zu glauben. Das Ritual der Vergebung, das wir in der Beichte erfahren, löst diese Blockaden auf. Es lässt uns in der Tiefe unserer Seele daran glauben, dass wir bedingungslos angenommen sind.

Wenn wir über uns sprechen, dann erzählen wir meistens unsere Großtaten. Wir stellen uns selbst gut dar. Doch das tut unserer Seele nicht gut. Jung meint, es gehöre zur Gesundheit des Menschen, seinen Tugendstolz aufzugeben und das Bekenntnis seiner fehlbaren Menschlichkeit abzulegen.

Ein wirklicher Freund ist der, vor dem du auch über deine Schwächen reden kannst. In der Beichte kannst du ehrlich über dich reden. Du musst dich nicht künstlich klein machen oder dich selbst entwerten. Du erzählst einfach, was dich bewegt und wo du mit dir unzufrieden bist, wo du dich selbst nicht annehmen kannst. Schon das Gespräch befreit dich. **Der Priester wird dich nicht bewerten oder beurteilen.** Er wird dein Bekenntnis Gott hinhalten und dir von Gott her die bedingungslose Annahme zusagen. Im Beichtgespräch wird er dir die Absolution erteilen, indem er dir die Hände auf den Kopf legt. Du erfährst dann mit Leib und Seele, dass du ganz und gar von Gott angenommen bist, dass seine heilende und versöhnende Liebe alles in dir durchdringt, auch die dunklen Bereiche deines

Inneren, die du selbst nicht so gerne anschaust. So kann die Beichte dich innerlich aufrichten und dich befreien von dem Zwang, dich immer besser darstellen zu müssen, als du bist. Du darfst sein, wie du bist. Es ist gut so, wie du bist. Du bist ganz und gar von Gott angenommen und geliebt.

Übung

- Wenn du dich auf die Beichte vorbereitest, kannst du dir einen Beichtspiegel durchlesen. Du kannst dich aber auch einfach still hinsetzen und in dich hinein-horchen.
- Fühlst du dich stimmig mit dir?
- Wo bist du unzufrieden mit dir?
- Wo lebst du an dir vorbei?
- Wo wirst du gelebt, anstatt selbst zu leben?
- Was möchtest du eigentlich mit deinem Leben?
- Darüber kannst du mit dem Priester sprechen.
- Wenn es dir schwer fällt, zur Beichte zu gehen, dann schreibe einen Brief an Gott und antworte ihm auf diese Fragen. Lies diesen Brief dann laut Gott vor und verbrenne ihn langsam.
- Wenn es dir möglich ist, bitte einen Priester um ein Beichtgespräch. Dann kannst du ohne Zeitdruck über dich sprechen und in der Absolution erfahren, dass das Alte vergangen ist und Neues in dir werden kann.

6. Woche: Das Kreuz als Ort der Versöhnung

In der Passionszeit und vor allem am Karfreitag wird uns das Kreuz als der eigentliche Ort der Versöhnung vor Augen geführt. Am Kreuz hat Gott die Welt mit sich versöhnt. So bekennen wir immer wieder in der Liturgie. Doch wie sollen wir das verstehen? Auf keinen Fall dürfen wir es uns so vorstellen, dass Gott durch den Tod seines Sohnes versöhnt worden sei. Nicht Gott wird versöhnt, sondern der Mensch. Aber wie können wir durch das Kreuz mit Gott versöhnt werden?

Die Sünde trennt uns von Gott. Am Kreuz hat sich die Sünde der Welt, wie sie in den ungerechten politischen Strukturen und in den Intrigen der Mächtigen zum Ausdruck kam, ausgetobt. Aber Jesus hat die Sünde der Welt am Kreuz ausgehalten und durch seine Liebe verwandelt. **Die Sünde hat ihre letzte Macht über den Menschen verloren.** Das Kreuz ist seit jeher ein Symbol für die Einheit aller Gegensätze, für oben und unten, für rechts und links, für bewusst und unbewusst. Jesus hat am Kreuz Versöhnung gestiftet, indem er alle Gegensätze dieser Welt in sich vereinigt und miteinander verbunden hat: Himmel und Erde, Licht und Dunkel, Mann und Frau, das Bewusste und Unbewusste, Arm und Reich, Jung und Alt. Die Gegensätze zerreißen uns nicht mehr. Sie sind umfasst von Gottes Liebe. Johannes versteht den Tod Jesu am Kreuz so, dass uns Jesus bis zur Vollendung geliebt hat. Er hat sich in der Fußwaschung bis in den Staub der Erde gebeugt, um uns an unserer verwundbaren Stelle, an unserer Achillesferse, zu heilen. Der Tod Jesu am Kreuz nimmt das, was Gott am fernsten ist – die Bosheit der Welt, die sich im gewaltsamen Tod Jesu ausdrückt – in Gott hinein. **Es gibt nichts mehr, was nicht von Gottes Liebe berührt und verwandelt worden ist.** Seit jeher haben wir das Kreuz mit der Vergebung der Sünden in Zusammenhang gebracht. Aber wie sollen wir das verstehen? Gott vergibt nicht, weil Jesus gestorben ist, sondern weil er Gott ist, der uns bedingungslos liebt. Aber uns hilft der Blick auf das Kreuz, an die vergebende Liebe Gottes zu glauben.

Wenn wir sehen, dass Jesus am Kreuz selbst seinen Mördern vergibt, dürfen auch wir vertrauen, dass es nichts in uns gibt, das Gott nicht vergeben wird. Das Kreuz bewirkt nicht die Vergebung, sondern vermittelt sie uns. Der Blick auf das Kreuz hilft uns, ja zu sagen zu uns selbst. Jesus ist auch für mich gestorben. Seine Liebe gilt mir ganz persönlich. Und es gibt nichts in mir, was von dieser Liebe ausgeschlossen ist. So ist gerade die Meditation des Kreuzes für mich der Ort, an dem die vergebende Liebe Gottes tief in meine Wunden und in meine Schuld einströmt und ich mit vollem Herzen glauben kann: Meine Schuld ist vergeben. Ich bin von Gott bedingungslos geliebt. Ich brauche Gott nichts vorzuweisen. Ich gehöre ihm. Das befreit mich von allen Zwängen, mich selbst beweisen zu müssen.

———————————

Übung

- Setze dich vor ein Kreuz und meditiere es.
- Stelle dir vor, dass die ausgebreiteten Arme Jesu eine Gebärde der Liebe sind. Jesus hält seine Arme offen, um dich zu umarmen.
- Schau auf diesen Jesus, der auch für dich gestorben ist. Du bist wichtig für ihn. Jesus hätte auch vor dem gewaltsamen Tod fliehen können. Doch er ist seinen Weg konsequent weitergegangen, auch aus Solidarität zu dir. Er hat sich für uns hingegeben und uns dadurch gezeigt, wozu Liebe fähig ist. Diese Liebe gilt auch dir. Sie meint dich ganz persönlich.
- Lasse diese Liebe in alle Gegensätze deines Leibes und deiner Seele, in alle Abgründe deines Herzens strömen. Dann wird die Erfahrung dieser bedingungslosen Liebe in dir die Gewissheit hervorrufen: Ich bin angenommen. Ich bin versöhnt mit mir und meinen Gegensätzen. Es gibt nichts mehr, was mich von Gott trennen könnte.

7. Woche: Rituale für die Familie suchen

Viele Menschen leiden darunter, dass die eigene Familie zerstritten ist. Da spricht der Bruder nicht mehr mit seiner Schwester. Und beide versuchen, die Mutter auf ihre Seite zu ziehen. Sie fühlt sich innerlich zerrissen und weiß nicht, was sie tun soll. Alle moralischen Appelle, sich als Christen doch miteinander zu versöhnen, fruchten nicht. Oft wurden durch Erbschaftsstreitigkeiten so tiefe Gräben aufgerissen, dass keiner mehr fähig ist, sie zu überbrücken. **Das Gebet für die Familienmitglieder kann sicher eine Hilfe sein, den Geist der Versöhnung in jedem hervorzulocken.** Oft sind Rituale eine Hilfe, den jahrelangen Streit zu überwinden. Ein Vater erzählte mir, dass er seinem Sohn, der sich von der Familie im Streit losgesagt hat, jedes Jahr zum Geburtstag und zu Weihnachten eine liebevolle Karte schreibt. Die Mutter wirft ihm vor, das habe doch alles keinen Zweck. Doch der Vater hält am Ritual fest. Ich bestärkte ihn dabei. Vielleicht bewirkt das Ritual doch irgendwann Versöhnung im Herzen des Sohnes.

In jeder Familie gibt es immer wieder Konflikte. Ehepaare übergehen oft die kleinen alltäglichen Kränkungen. Und auf einmal baut sich Aggression auf. Man versteht den anderen nicht mehr. Oder es gibt einen Konflikt, bei dem all die angestauten Emotionen hervorbrechen. Ein Ehepaar erzählte mir, dass es sich oft streitet. Wenn der Mann gerade richtig in Wut geraten ist, sagt ihm die Frau: „Du musst mir aber im Namen Jesu vergeben." Das bringt ihn noch mehr in Rage. Das ist kein gutes Ritual. Da ist schon das Ritual besser, das ein anderes Ehepaar praktiziert. Immer wenn durch einen Konflikt dicke Luft im Haus herrscht, zündet einer die Hochzeitskerze an. Das ist dann für den anderen ein Signal, dass ihm die gemeinsame Liebe wichtiger ist als der Konflikt. Das Ritual lässt dem anderen Zeit, dass sich seine Emotionen klären können. Die Kerze schafft eine Atmosphäre, die es dem einen irgendwann ermöglicht, auf den anderen zuzugehen und ihm zu sagen, dass ihm der Konflikt leidtut oder dass sie trotz der Meinungsverschiedenheit wieder zusammenstehen.

Wenn in einer Familie nicht über Gefühle gesprochen wird, dann legt sich durch die unausgesprochenen Gefühle, durch die oft unbewussten Kränkungen und Missverständnisse eine Staubschicht auf das Miteinander. Man sieht den anderen nicht mehr, wie er ist, sondern nur noch unter der Staubwolke. Der heilige Benedikt rät dem Abt, er solle täglich zweimal laut das Vaterunser vor der Gemeinschaft beten, damit die Atmosphäre unter den Brüdern gereinigt wird. So

braucht auch jede Familie Versöhnungsrituale,
damit die emotionale Umweltverschmutzung
gestoppt und ein neues Miteinander ermöglicht
wird. So ein Ritual könnte das gemeinsame
Vaterunser sein oder der tägliche Segen, bei dem
der Vater oder die Mutter dem Kind das Kreuz
auf die Stirne zeichnet.

Übung

- Es gibt immer die ideale Zeit für ein gemeinsames Versöhnungsritual in der Familie.
- Versuche, deine Familie an einem Abend zusammenzurufen.
- Setzt euch an einen Tisch und zündet eine Kerze an, die eure Mitte bildet. Der Vater oder die Mutter liest einen Text aus der Bibel, zum Beispiel aus dem Matthäusevangelium 18,21-35 oder aus dem Lukasevangelium 15,11-32.
- Dann hält Vater oder Mutter Rückblick:
- Wofür sind wir dankbar?
- Was hat Gott uns geschenkt?
- Worüber freuen wir uns, wenn wir an die Familie denken?
- Was ist nicht so gut gelaufen?
- Wo gab es Konflikte oder Unzufriedenheit?
- Wofür möchte sich jemand entschuldigen?
- Was könnten wir besser machen?

Gott & die Welt

Antworten auf die
Fragen des Lebens

2.

Gottes Liebe empfangen

Wenn wir die Worte Gottes
in der Bibel lesen,
tritt uns Gottes Liebe entgegen.
Und indem wir diese Worte der Liebe
in unser Herz fallen lassen,
kann auch in unserem Herzen
Liebe entstehen.

Wie soll man Gottes Liebe empfinden und annehmen?

Viele beklagen sich, dass sie Gottes Liebe nicht spüren. Die Liebe eines Menschen kann ich viel leichter spüren. Wenn ich jemanden umarme, spüre ich seine Liebe. Doch Gottes Liebe möchte uns auch umarmen. Gott umarmt uns durch seine Schöpfung. Wenn ich mich in den Wind stelle, kann ich spüren, wie Gottes Liebe mich zärtlich streichelt. Wenn ich mich von der Sonne bescheinen lasse, stelle ich mir vor, dass Gottes wärmende Liebe in mich eindringt und alles in mir annimmt. Ein anderer Weg ist der Atem. Im Atem strömt Gottes Liebe in mich ein. Ich kann mich mit dem Atem gleichsam streicheln und mir vorstellen, dass im Atem Gottes Liebe alle Bereiche meines Leibes durchdringt. Liebe drückt sich in Worten aus. Wenn ein Mensch mich liebt, sagt er mir liebe Worte. **Gott spricht zu mir in der Bibel. Und da sind viele Liebesworte. Ich muss sie nur in mein Herz eindringen lassen.** Ich kann mir z.B. das Wort aus Jer 31,3 vorsagen und es immer tiefer ins Herz fallen lassen: „Mit ewiger Liebe habe ich dich geliebt, darum habe ich dir so lange die Treue bewahrt." In diesem Wort kann ich Gottes Liebe spüren. Ich muss mich immer wieder der Liebe Gottes vergewissern. Der Höhepunkt der Liebeserfahrung ist für uns Christen die Eucharistiefeier. In der Kommunion gibt

sich uns Jesus Christus, um uns seine Liebe leib-
haft spüren zu lassen. Wir dürfen seine Liebe
essen und trinken und so eins werden mit seiner
Liebe. Aber auch das geht nicht automatisch. Ich
muss es mir vorstellen und ich muss in der Kommunion bewusst die Liebe Christi in mich eindringen lassen.

Im Gnadenzustand befindet sich der, der die Gebote einhält und die Sakramente empfängt. Aber was ist mit den Übrigen? Was sagt die katholische Kirche dazu?

Wenn wir die Gebote Gottes einhalten, dann erfahren wir, dass sie uns zum Leben führen. Die Gebote Gottes sind ein Weg in die innere Freiheit und in den inneren Frieden. Die Sakramente zu empfangen, ist Ausdruck unseres christlichen Glaubens. Und in den Sakramenten erfahren wir immer aufs Neue die Liebe, mit der uns Christus bis zur Vollendung geliebt hat. Die Kirchenväter sagen uns, dass uns Christus selbst in den Sakramenten berührt. Er tut an uns heute, was er damals an den Menschen getan hat. Er schenkt uns Heilung, Stärkung, Vergebung, göttliches Leben. Wir sollen also dankbar sein für das Geheimnis der Gebote und der Sakramente. In ihnen hat uns Gott einen hilfreichen Weg geschenkt, ein erfülltes Leben zu leben, ein Leben, das von seiner Gnade und seinem göttlichen Geist durchdrungen ist.

Die katholische Kirche sagt, dass jeder, der nach seinem Gewissen lebt, letztlich zu Gott findet. Wer also in anderen Religionen nach seinem Gewissen lebt, von dem dürfen wir auch glauben, dass er in der Gnade Gottes lebt, dass er gottwohlgefällig ist. Wer sich weder um die Gebote Gottes noch um das Gewissen kümmert, der schadet sich selbst. Er ist innerlich gespalten, abgespalten von seiner Seele. Sein Leben verkümmert, selbst wenn es nach außen voller Glanz ist.

Die Menschen, die ohne Gebote und Sakramente und ohne Gewissen leben, können wir nur Gott empfehlen. **Wir Menschen dürfen Gottes Gnade keine Grenzen setzen. Vielleicht wird Gott auch diese Menschen berühren und zur Umkehr führen.** Wir sollen niemanden abschreiben, weil auch Gott niemanden abschreibt, sondern jedem die Chance der Umkehr schenkt. Im Tod wird jeder Mensch Gott in seiner Liebe begegnen. Und er wird diese Liebe konkret in Jesus Christus, seinem menschgewordenen Sohn erkennen. Wir dürfen hoffen, dass jeder Suchende dann in Christus die Erfüllung seiner Sehnsucht wieder findet. Dann ist er im Heil. Dann ist er gerettet durch und in Jesus Christus.

Wie kann ich lernen, Gott von Herzen zu lieben? Soll ich mich damit versöhnen, dass ich ihn nur mit dem Verstand zu lieben vermag?

Wenn Sie Gott mit dem Verstand und dem Willen lieben, dann ist das schon ein erster Schritt. Wir können die Liebe zu Gott oft nicht emotional spüren. Die Liebe zu einem Menschen spüren wir im Herzen. Da sind wir verzaubert. Wir sind kaum einmal richtig in Gott verliebt – obwohl es das bei manchen Mystikern durchaus gibt. Die Liebe ist die Bereitschaft, sich auf Gott einzulassen. Diese Liebe kann wachsen, wenn wir die Worte Gottes in der Bibel lesen. Da tritt uns Gottes Liebe entgegen. Und indem wir diese Worte der Liebe in unser Herz fallen lassen, kann auch in unserem Herzen Liebe entstehen.

Wir sollen die Liebe zu einem Menschen und die Liebe zu Gott nicht zu Gegensätzen machen. Wir alle sehnen uns danach, zu lieben und geliebt zu werden. Das Ziel dieser Sehnsucht ist aber nicht, dass einer kommt, der uns satt lieben wird. Wir erfahren in unserer Liebe Erfüllung und Enttäuschung. **Sowohl die Erfüllung als auch die Enttäuschung weckt in uns die Sehnsucht nach einer Liebe, die tiefer ist als die menschliche Liebe.** Es ist letztlich die göttliche Liebe. Manchmal dürfen wir erfahren, dass wir nicht nur lieben, sondern einfach Liebe sind. Eine Frau erzählte mir, dass sie nach einer Meditation sich voller

Liebe fühlte. Die Liebe strömte zu allem, was ist, in ihr Zimmer, zu den Menschen, in die Natur hinaus. Das war die Erfahrung, dass sie einfach Liebe ist. Wer diese Erfahrung macht, der hat Gott erfahren. Der spürt, dass das Wort aus dem 1. Johannesbrief stimmt: „Gott ist Liebe. Wer in der Liebe bleibt, bleibt in Gott, und Gott bleibt in ihm." (1 Joh 4,16)

Wie kann man das Bild des liebenden Gottes mit der Lehre über die Hölle zusammenbringen?

Gott wirft niemanden in die Hölle. Aber die Hölle sagt uns, dass wir uns gegenüber Gott verschließen können. Und dann sind wir in der Hölle. Jesus spricht in zweifacher Weise von der Hölle. Die erste Weise ist die Hölle, die wir uns hier bereiten, wenn wir an unserem Wesen vorbeileben. Das Gleichnis von den Talenten beschreibt z.B., wie der dritte Knecht sich sein Leben zur Hölle macht, weil er aus einem Sicherheitsdenken und aus Angst vor Gott lebt. Jesus will uns sagen: Wenn du alles kontrollieren willst und wenn du so ein angstmachendes Gottesbild hast, dann wird dein Leben jetzt schon zur Hölle. Jesus will uns einladen, gut mit uns umzugehen, aus Vertrauen heraus zu leben und nicht aus Angst. Dann gelingt unser Leben hier.

Jesus spricht aber auch von der Hölle, die uns im Tod erwarten kann. Er möchte uns damit sagen: Dein Leben ist einmalig. Lebe daher bewusst und wach! Du kannst auch scheitern. Jesus möchte uns also zu einem achtsamen und gelingenden Leben einladen.

Die christliche Theologie hat aus den Worten Jesu die Lehre von der Hölle entfaltet. Die Kirche sagt: **Wir müssen mit der Möglichkeit der Hölle rechnen. Aber wir dürfen zugleich darauf vertrauen, dass die Hölle leer ist.** Im Tod werden wir in die Liebe Gottes hinein sterben. Wenn wir uns dieser Liebe ergeben, sind wir bei Gott, sind wir im Himmel. Aber wenn wir uns dieser Liebe verschließen, dann sind wir draußen, dann bereiten wir uns für immer die Hölle. Doch wir dürfen vertrauen, dass wir angesichts der Liebe Gottes uns in die liebenden Arme Gottes fallen lassen. Die Kirche sagt von den Heiligen, dass sie im Himmel sind. Sie hat von keinem Menschen definitiv ausgesagt, dass er in der Hölle ist. Aber sie hat die Lehre von der Allversöhnung, die Origenes aufgestellt hat, verurteilt. Wir können nicht einfach davon ausgehen, dass alle mit Gott versöhnt werden. Wir müssen die menschliche Freiheit ernst nehmen. Aber zugleich dürfen wir vertrauen, dass Gottes Liebe uns in unserer Freiheit so anzieht, dass wir uns ihr ergeben.

Warum kann niemand die schmerzliche Sehnsucht nach Liebe bei jemandem erfüllen, dessen Leben schon fast zu Ende gelaufen ist?

In jedem Menschen steckt eine Sehnsucht nach Liebe, die letztlich nur Gott erfüllen kann. Wir werden nie einen Menschen treffen, der uns so lieben kann, dass wir satt sind. Vielmehr wird jede erfahrene Liebe die Sehnsucht nach noch tieferer Liebe wecken. Wir erfahren die Liebe immer als etwas, das uns verzaubert, aber uns oft genug auch verletzt. Wir erfahren Erfüllung und Enttäuschung durch die Liebe. Beides, die Erfüllung und die Enttäuschung, will in uns die Sehnsucht nach einer Liebe wecken, die die menschliche Liebe übersteigt. Es ist letztlich die göttliche Liebe. Jeder sehnt sich danach, zu lieben und geliebt zu werden. Das Ziel dieser Sehnsucht ist, dass wir die Erfahrung machen, Liebe zu sein. Es gibt solche Augenblicke, in denen wir in uns eine Quelle der Liebe spüren, die einfach da ist, die zu allem strömt, was ist, zu den Menschen, in unser Zimmer, zu den Pflanzen und Tieren. Diese Liebe ist göttlich. Wenn wir sie in uns spüren, ist unsere Sehnsucht für einen Augenblick erfüllt.

Wir können Menschen, die kurz vor dem Tod stehen, nicht versprechen, dass ihr Bedürfnis nach Liebe hier auf Erden noch erfüllt wird. Wir können ihnen die Liebe erweisen, die wir zu geben

vermögen. Aber sie wird nie die Sehnsucht nach
Liebe erfüllen, die in ihnen hochkommt. Wenn
ich mit einem Menschen spreche, der an man-
gelnder Liebe leidet, drücke ich mein Verständnis
dafür aus, dass er schwer daran trägt, zu wenig
geliebt worden zu sein. **Ich verspreche ihm
nicht, dass er all die versäumte Liebe nachholen
kann oder dass ich seine Sehnsucht nach Liebe
erfüllen werde. Ich verweise ihn vorsichtig auf die
Liebe, die stärker ist als der Tod.** Und ich werde
ihm sagen, dass er auch durch die Enttäuschung
an der Liebe letztlich aufgebrochen worden ist
für eine Liebe, die größer ist als menschliche
Liebe. In seiner Enttäuschung steckt doch die
Sehnsucht nach Liebe. Und in der Sehnsucht
nach Liebe ist schon Liebe. Sie soll er spüren.
Und in ihr erahnt er etwas von Gottes unendli-
cher Liebe.

3.

Ich setze mich still
      vor Gott hin und frage:
Stimmt mein Leben?
      Stimmen meine Vorstellungen
und Bilder vom Leben?
      Allein dieses Fragen
führt uns in die Wahrheit.

Wie kann ich die eigenen Vorstellungen über das Leben loswerden? Was kann mir helfen, dem eigenen Ego abzusterben?

Ein Weg, die eigenen Vorstellungen über das Leben loszulassen, ist das ehrliche Sichkonfrontieren mit Gott. Ich setze mich still vor Gott hin und frage mich und frage Gott: Stimmt mein Leben? Stimmen meine Vorstellungen und Bilder vom Leben? Oder bilde ich mir etwas ein? Habe ich mir etwas zurechtgelegt, damit es mir gut geht? Allein dieses Fragen führt uns in die Wahrheit. Wir können dann nicht einfach neue Vorstellungen entwickeln. Aber die alten relativieren sich. Vielleicht sind sie auch nicht schlecht. Aber wir dürfen uns an diese Vorstellungen nicht anklammern.

Ein anderer Weg ist, dass wir uns mit dem auseinandersetzen, was uns täglich durchkreuzt, was uns von außen widerfährt. Das kann uns die eigenen Vorstellungen vom Leben zerbrechen. Aber es ist wichtig, dass wir uns danach fragen, was Gott uns sagen möchte, wenn uns etwas widerfährt, mit dem wir uns schwer tun. Krankheit, Scheitern, Unglücksfälle in der näheren Umgebung, all das zerbricht unsere Vorstellungen von einem heilen und idealen Leben. Aber ich muss bereit sein, mir diese Vorstellungen auch zerbrechen zu lassen. Sonst zerbreche ich selbst am Leben. Es gibt nur diese Alternative: Entwe-

der lasse ich mir meine Vorstellungen zerbrechen
oder ich zerbreche selbst.

**Wir brauchen ein starkes Ich, um den Kampf des
Lebens zu bestehen. Aber dann müssen wir das
Ich immer auch loslassen, um in die eigene Mitte
zu gelangen.** Wir müssen vom Ich zum Selbst kommen, wie C. G. Jung es ausdrückt. Das Ego will
alles an sich raffen. Es kreist nur um sich selbst.
Das Selbst ist die Stimmigkeit mit meinem inneren Wesen. Es ist mein wahrer Personkern. Das
Selbst soll ich nicht loslassen, sondern nur das
Ego. Auch da kann das Leben helfen, das uns
manchmal das Ego zerbricht. Die Eucharistiefeier
ist eine tägliche Einübung in das Zerbrechen des
Ego. Denn da feiern wir den Tod Jesu Christi und
seine Auferstehung. Das ist ein Urbild dafür, dass
das alte Ego sterben und das wahre Selbst in uns
auferstehen muss. Auferstehung heißt ja nach
dem Lukasevangelium: ganz ich selber werden,
ganz in Einklang kommen mit dem wahren
Selbst.

Wie sollte man mit der eigenen Sexualität umgehen, wenn man nicht in der Ehe lebt? Man soll doch nichts in sich verdrängen – aber man darf auch keine sexuelle Praxis haben. Wie kann man dieses Paradox lösen?

Für mich gibt es fünf Wege, als Eheloser mit der Sexualität gut umzugehen. 1. Walter Lechler spricht von Sexualität versus Sensualität. Wir sollten eine gute Beziehung zum Leib haben, uns und die Welt mit allen Sinnen spüren. Wenn ich in allen Sinnen bin, dann bin ich nicht mehr auf die Sexualität fixiert. Menschen, die keine Beziehung zu ihrem Leib und zu ihren Sinnen haben, setzen ihre ganze Erwartung auf die Sexualität, um sich selbst zu spüren. Doch damit überfordern sie die Sexualität. 2. Es braucht eine gesunde Lebenskultur. Schon Sigmund Freud meint, dass die Sexualität die kulturstiftende Kraft ist. Wenn wir eine gesunde Lebenskultur haben, z.B. Wohnkultur, Kultur des Essens, Sinn für Musik und Poesie, dann verselbständigt sich die Sexualität nicht, sondern ist eingebunden in diese Kultur. 3. Es braucht gute menschliche Beziehungen. Die Freundschaft erfüllt unsere Sehnsucht, angenommen zu sein und ganz der sein zu dürfen, der wir sind. Oft haben wir zu viele funktionale Kontakte, aber keine reifen emotionalen Beziehungen. 4. Die Sexualität muss sich in Kreativität ausdrücken. Mir hat ein Mann erzählt,

der selbst verheiratet ist und fünf Kinder hat:
Seine Therapeutin habe ihm gesagt: „Wenn du in
deiner Sexualität nicht mehr siehst, als mit deiner Frau zu schlafen, wirst du krank." Erst als der
das Malen anfing, wurde auch die sexuelle Beziehung zu seiner Frau besser. Denn er überforderte
sie nicht mehr mit seinen sexuellen Erwartungen.
5. Sexualität ist eine wichtige Quelle der Spiritua-
lität. Nur wenn wir eine gute, persönliche, inti-
me Beziehung zu Gott aufbauen, wird die Sexualität sich in uns nicht verselbständigen. Die Sehnsucht, die in der Sexualität steckt, sollen wir auf
Gott richten. Das löst die Sexualität nicht auf.
Sie wird sich immer wieder regen. Dann gehört
es zur Demut, sich mit seiner Sexualität Gott hinzuhalten und sich Gott zu übergeben.

Könnten Sie etwas über die Hoffnung sagen?

Die Hoffnung ist eine wichtige christliche Tugend. Dante hat über die Hölle das Wort geschrieben: „Lasse alle Hoffnung fahren!" Ein Ort ohne Hoffnung ist die Hölle. Die Hoffnung macht uns innerlich lebendig. Sie eröffnet uns die Zukunft und lässt uns vertrauensvoll in die Zukunft schreiten. Die Hoffnung ist auch wichtig für das Miteinander. Hoffen – so sagt der französische Philosoph Gabriel Marcel – ist immer Hoffen für dich und Hoffen auf dich. Wenn ich für einen Menschen hoffe, dann gebe ich ihn nicht auf, auch wenn es ihm momentan nicht gut geht, oder wenn er momentan ganz verkehrte Wege geht. Die Hoffnung hat eine verwandelnde Kraft. Die christliche Tugendlehre sieht die Hoffnung zusammen mit dem Glauben und der Liebe. **Die Hoffnung macht unsere Seele weit. Und sie gibt uns den Mut, nie aufzugeben, weder uns selbst noch einen anderen aufzugeben, sondern durch alle Turbulenzen des Lebens im Vertrauen weiterzugehen, weil Gott selbst mit uns ist und Christus mit uns im Boot sitzt.** Christus, der gestorben und auferstanden ist, ist der eigentliche und tiefste Grund unserer Hoffnung. Er zeigt uns, dass selbst der Tod, selbst das Scheitern am Kreuz uns die Hoffnung nicht zu rauben vermag. Die Liebe ist stärker als der Tod. Das ist der eigentliche Grund unserer Hoffnung.

Paulus spricht von der Hoffnung im Römerbrief. Wir hoffen auf das, was wir nicht sehen. „Hoffen wir aber auf das, was wir nicht sehen, dann harren wir aus in Geduld." (Röm 8,25) Ich hoffe auf das, was in mir unsichtbar ist, auf die heilenden Kräfte in meiner Seele, die ich oft nicht sehe, auf die Liebe, die in mir ist und gerade erloschen zu sein scheint. Und ich hoffe auf den guten Kern im andern, den ich gerade nicht sehe, weil er sich so aggressiv verhält. Die Hoffnung will letztlich das Heil, das unsichtbar ist in uns, sichtbar werden lassen. Sie will all das, was Gott in uns hineingelegt hat, zum Vorschein kommen lassen. Aber dazu braucht es Geduld, damit das Unsichtbare in uns langsam sichtbar wird.

Wird Herr Jesus die Rinder, Schafe und Tauben aus meinem inneren Tempel hinausjagen? Oder wird er sie eher verwandeln?

In der Geschichte von der Vertreibung der Händler aus dem Tempel wirft Jesus die Rinder, Schafe und Tauben aus dem Tempel heraus. Das ist ein Bild dafür, dass er das Triebhafte, das Oberflächliche und die herumflatternden Gedanken aus mir vertreibt, sobald er eintritt in den Tempel meines Leibes. Das Hinauswerfen ist der eine Weg. Es gibt aber in der geistlichen Tradition noch den anderen Weg: das Verwandeln des Triebhaften, des Oberflächlichen und des Herumflatternden. Es gibt in der religiösen Kunst die Darstellung der Verwandlung der Tiere in gute Begleiter des Menschen. Maria wird mit dem Einhorn dargestellt, das sie im Schoß hält. Antonius hat einen Löwen zur Seite, Franziskus den Wolf von Gubbio, den er gezähmt hat. In der Romanik hat man an die Kapitele der Säulen oft wilde Tiere oder Dämonen dargestellt. Das ist ein Bild, dass all das Wilde und Tierische integriert ist in unseren geistlichen Weg. Nichts Dämonisches kann uns mehr schaden. Es ist eingebunden in den Tempel Gottes. Es verziert sogar das Haus Gottes. Dem entspricht in der Frömmigkeitsgeschichte die Gestalt der hl. Margarita. Sie zähmt den Drachen und reitet auf ihm. Sie integriert also den Schatten, den Drachen. Das gibt ihr mehr Kraft und einen größeren Horizont. Daneben gibt es den hl. Georg, der den Drachen tötet. **Es gibt manche Bereiche unseres Schattens, die wir aus uns heraus werfen müssen. Sie würden uns sonst nur schaden.** Und so ist auch die Tempelaustreibung Jesu zu sehen. Jesus treibt die Rinder als Bild für das Triebhafte in uns aus dem Tempel. Wenn die Triebe zuviel Raum in uns einnehmen, müssen sie herausgetrieben werden. Allerdings dürfen wir die Triebe nicht abschneiden. Viele Triebe müssen auch integriert werden. Sie wollen uns antreiben zum Leben und hintreiben zu Gott. Die Tauben stehen für die Gedanken, die in uns herumflattern. Manchmal müssen wir sie vertreiben. Sonst bestimmen sie uns ganz und gar. Aber wir können uns nicht aller Gedanken entledigen. Es braucht immer die Unterscheidung der Geister, ob ich austreiben oder integrieren soll, verwandeln oder töten.

Wie sollte eine richtige Beziehung zur Umwelt aussehen? Manchmal hat man den Eindruck, dass die Christen der Umwelt wenig Aufmerksamkeit widmen. Ich selber nehme die Zerstörung der Erde als ein ernstes Problem wahr. Wir erzielen zwar Profit, aber machen dabei vieles unwiderruflich kaputt.

Die Bewahrung der Schöpfung ist sicher ein wichtiges Anliegen für uns Christen. In der Theologie spricht man heute von der Schöpfungsspiritualität und hebt sie ab von der Erlösungsspiritualität. In der Erlösungsspiritualität geht es vor allem um die Schuld des Menschen und um seine Erlösung. In der Schöpfungsspiritualität geht es darum, Gott in der Schöpfung zu erfahren. Die Schöpfung ist Gottes erste Heilstat, ein Geschenk seiner Liebe. In der Schöpfung dürfen wir Gottes Geist erfahren. Denn sie ist durch das Wort Gottes geschaffen, und Gottes Geist durchströmt sie. Der Umgang mit der Schöpfung ist daher ein wichtiger Aspekt unserer Beziehung zu Gott, dem Schöpfer.

Zwei Haltungen der Umwelt gegenüber sind für mich als Christ entscheidend: Die erste Haltung bezieht sich auf die Achtsamkeit und Behutsamkeit. Der hl. Benedikt fordert die Mönche auf, alle Geräte des Klosters wie heiliges Altargerät zu behandeln. **Die Sorgfalt im Umgang mit den Werkzeugen und Dingen ist Ausdruck der Ehrfurcht vor Gott.** Die zweite Haltung ist mehr poli-

tisch. Die Frage ist, wie wir die Schöpfung auf
Dauer bewahren können, wie wir die Ressourcen
der Umwelt schonen und wie wir der Nachwelt
eine intakte Umwelt hinterlassen können. Da
geht es um die Themen von Klimaschutz, regene-
rativer Energiegewinnung und sparsamen
Umgang mit der Energie. Unser Kloster hat sich
als konkretes Ziel gesetzt, in zehn Jahren die
gesamte Energie, die wir benötigen, aus regene-
rativen Quellen zu beziehen. Zurzeit sind wir
schon bei 90 Prozent.

4.

In Beziehungen leben

Wir können nie
für uns garantieren.
Dieses Bewusstsein soll nun auch
unsere Beziehungen zu
anderen prägen,
so dass wir andere nie verurteilen,
wenn sie schuldig werden.

Wie soll ich mit dem Schuldgefühl nach einer gescheiterten Beziehung zurechtkommen?

Zunächst sollen Sie eingestehen, dass Ihr Lebenskonzept zerbrochen ist. Das, worauf Sie Ihre Hoffnung gesetzt haben, ist gescheitert. Dieses Eingeständnis tut weh. Aber zugleich dürfen Sie vertrauen, dass das Scheitern der Beginn eines neuen Lebens wird. Kreuz und Auferstehung Jesu sind für uns da ein wichtiges Hoffnungszeichen. Das Kreuz Jesu zeigt uns, dass es nichts gibt, das uns für immer zerbrechen kann. Auch das Zerbrochene kann zu neuem Leben werden, der Tod wird in Auferstehung verwandelt, das Erstarrte zu neuer Lebendigkeit.

Wenn das Schuldgefühl in Ihnen hochkommt, dann sollen Sie sich weder beschuldigen noch entschuldigen. Wenn Sie sich ständig beschuldigen, lähmen und schwächen Sie sich selbst. Wenn Sie sich nur entschuldigen, dann brauchen Sie immer neue Gründe, warum Sie keine Schuld haben. Und so kommen Sie nie zur Ruhe. Bei einer gescheiterten Beziehung kann man nie genau sagen, wo und bei wem die Schuld liegt. Wichtig ist, die Beziehung und Ihren Anteil an Schuld Gott hinzuhalten und Gott zu bitten, dass er diese Schuld vergibt und zugleich verwandelt in einen neuen Anfang. Anstatt sich zu beschuldigen, sollen Sie Gott bitten, dass die Schuld Sie noch mehr aufbricht für Gottes Barmherzigkeit.

Und wenn Sie dem andern gegenüber Schuldgefühle haben, dann beten Sie für ihn, dass Gott
seinen Weg begleiten und ihn in neue Lebens-
bereiche führen möge. Dann kreisen Sie nicht
um die Schuldgefühle, sondern verwandeln Sie
sie in Gebet und in Vertrauen auf Gottes Barmherzigkeit für Sie selbst und für den Partner.
**Jesus zeigt uns Wege auf, mit unserer Schuld so
umzugehen, dass wir unsere Selbstachtung nicht
verlieren.** Wir sollen die Schuld nicht abzahlen und
nicht ständig um sie kreisen. Vielmehr sollen wir
sie zum Anlass nehmen, Mensch unter Menschen zu werden, barmherzig mit uns selbst und
barmherzig zu den Menschen. Wir können nie für
uns garantieren. Dieses Bewusstsein soll nun
auch unsere Beziehung zu andern prägen, so
dass wir andere nie verurteilen, wenn sie schuldig werden.

Kann ich mich mit meinen 45 Jahren ohne Schuldgefühle von meiner Mutter lösen, die die Macht über mich nicht verlieren will und mich ständig verletzt?

Sie müssen sich von Ihrer Mutter lösen, damit Sie Ihren eigenen Weg gehen können. Allerdings ist das Ziel der Loslösung von der Mutter eine neue Beziehung zu ihr, eine Beziehung in Freiheit und Dankbarkeit. Die Frage ist, wie diese Loslösung geht. Es geht nicht darum, dass ich die Mutter belehre oder ihr ständig widerspreche. Solange ich mit der Mutter streite, bin ich noch nicht frei von ihr. Ein guter Weg ist: der Mutter zu erlauben, dass sie so ist, wie sie ist. Sie darf Erwartungen an mich haben. Aber ich treffe selbst die Entscheidung, wie weit ich ihre Erwartungen erfülle und wie weit nicht. Der andere Weg ist: Ich schaue zu – gleichsam wie in einem Theater –, wie die Mutter mich behandelt und was sie mir sagt. Aber ich spiele nicht mit. Ich übernehme nicht die Rolle des braven und abhängigen Sohnes oder der beliebten Tochter, die sie mir zuweisen möchte. Wenn ich in dieser inneren Distanz das Verhalten der Mutter beobachte, dann kann sie mich nicht verletzen. Ich beobachte das Theater, das sie spielt, die Mechanismen, die sie einsetzt, um Macht über mich zu gewinnen. Aber ich spiele nicht mit. Natürlich ist es nicht so einfach, sich den

Schuldgefühlen zu entziehen, die die Mutter in mir hervorrufen möchte. Schuldgefühle im andern zu wecken, ist eine der subtilsten Weisen der Machtausübung. **Da keiner von uns völlig schuldlos ist, kann der andere über uns leicht Macht gewinnen, wenn er uns Schuldgefühle einimpft.** Für mich besteht der angemessene Weg, ohne Schuldgefühle mich von der Macht der Mutter zu befreien, darin, dass ich mir sage: „Ich weiß nicht, ob ich meine Mutter mehr besuchen oder mich mehr um sie kümmern könnte. Ich will mich nicht rechtfertigen. Aber ich stehe zu meiner Grenze. Und momentan tut es mir nicht gut, zu nah bei der Mutter zu sein. Ich brauche inneren und äußeren Abstand. Wenn ich den gewonnen habe, hoffe ich, dass ich eine neue und durch Freiheit und Respekt bestimmte Beziehung zur Mutter aufbauen kann."

**Wie kann man die Lust, jemandem „gute Ratschlä-
ge" zu spenden, loswerden? Ist es eine Sucht?
Oder vielleicht Hochmut?**

Zunächst steckt in der Lust, dem anderen Ratschläge zu geben, ja die gute Absicht, dem
andern zu helfen. Ich möchte, dass sein Leben
gelingt. Das ist Zeichen dafür, dass mich der
andere interessiert. Aber wenn ich zu schnell
dem anderen Ratschläge gebe, dann ist das ein
Zeichen, dass ich seine Situation nicht aushalten
kann. Ich spüre mich zu wenig in ihn hinein, sondern möchte das Problem möglichst schnell
lösen, indem ich einen Ratschlag gebe. Und ich
stelle mich damit oft über den andern. Ich weiß
genau, was für ihn gut ist. **Wichtig ist da, dass
ich gut zuhöre und mich erst einmal in den andern
hinein meditiere:** Was hilft ihm wirklich? Wie würde
ich auf dieses Problem reagieren? Der zweite
Schritt: Ich soll dem andern nicht die Lösung vor-
schreiben. Ich soll ihn vielmehr dazu anregen, die
Lösung selbst zu finden. Daher gebe ich nicht
gleich einen Ratschlag, sondern frage ihn: Was
könnte dir helfen? Welche Alternativen fallen dir
dazu ein? Wenn der andere dann für sich die
Lösung findet, ist es gut. Wenn ich den Eindruck
habe, dass er nicht weiß, was für ihn gut ist,
dann darf ich durchaus einen Ratschlag geben.
Es gibt auch Situationen, in denen Ratschläge
angebracht sind. Ich erlebe manchmal auch

Menschen, die nur jammern und gar nichts
ändern wollen. Dann mache ich mit ihnen Strategien aus, die sie einhalten sollen. Natürlich soll
die Strategie aus dem andern selbst kommen.
Aber manchmal darf ich da durchaus nachhelfen.
Ich denke, es ist keine Sucht, Ratschläge zu
erteilen, und auch nicht unbedingt Hochmut. Für
mich ist es manchmal mehr der Drang, unbedingt helfen zu wollen oder alle Probleme gleich
lösen zu wollen. Es wäre daher gut, auch mal die
Ratlosigkeit auszuhalten und etwas langsamer
mit seinen Ratschlägen zu sein. Und vor allem
sollte ich mich nicht über den andern stellen, so
als ob ich genau wüsste, was für den andern gut
ist. Das weiß der andere meistens selbst viel
besser. Ich kann ihm nur helfen, herauszufinden,
was ihm wirklich gut tut.

Wenn ich vor jemandem stehe, der eine negative Beziehung zu mir hat, kann ich seine Kritik nicht ertragen. Ich blockiere mich innerlich und kann die Tränen nicht beherrschen. Dies gilt auch in dem Fall, wenn die Kritik des anderen nicht berechtigt ist. Wie kann ich mich wehren? Wie kann ich mein Benehmen beherrschen?

Wir können nicht mit dem Willen unser Benehmen beherrschen. Wir sollten vielmehr die Situation der Kritik genau anschauen. Was verletzt mich so? Was macht mich ohnmächtig? Was lässt die Tränen aus mir herausfließen? Dann werde ich die empfindliche Stelle in mir entdecken, die der andere getroffen hat. Ich muss mich dann mit dieser empfindlichen Stelle aussöhnen. Sie zeigt mir, dass ich manches aus der Vergangenheit noch nicht angenommen habe. Sie sollen sich aber nicht unter Leistungsdruck stellen, dass Sie immer Ihre Tränen beherrschen sollen. In der konkreten Situation sind wir oft ohnmächtig, uns dagegen zu wehren. Aber wenn wir daheim sind und Abstand haben, liegt es an uns, wie wir die Situation verarbeiten. Da können wir uns überlegen, wo die Kritik uns getroffen hat und wo sie mehr das Problem des andern war. Vielleicht hat der andere nur seine eigene Unzufriedenheit an uns ausgelassen. Dann müssen wir sie bei ihm lassen. Wir müssen uns von der Macht des andern befreien. Ich kann mir vorsagen: **Wie verletzt muss der andere sein, dass er es nötig hat, mich zu verletzen?** Dadurch bekomme ich Abstand zum andern. Wenn ich mich selbst spüre, dann verliert die Kritik ihre Macht über mich. Ich kann dann besser einordnen, wo ich an mir arbeiten soll und wo ich die Kritik lieber als Selbstaussage des andern stehen lassen soll.

Was passiert, wenn ein Geschiedener eine neue Ehe schließt? Hat er eine Todsünde begangen, auch wenn er nicht mit der Scheidung einverstanden war? Bestraft Gott so streng?

Da Jesus die Unauflöslichkeit der Ehe verkündet, kann die Kirche keine zweite sakramentale Eheschließung feiern. Aber das heißt nicht, dass der, der nach seiner Scheidung wieder heiratet, eine Todsünde begeht. Natürlich ist bei der Scheidung immer auch Schuld dabei, und zwar auf beiden Seiten. Auch wenn ich nicht einverstanden bin mit der Scheidung, war ich vielleicht doch nicht aufmerksam genug in der Ehe. Aber es gibt einfach Ehen, die scheitern, aus welchem Grund auch immer. Es ist wichtig, das Scheitern Gott hinzuhalten und an Gottes vergebende Liebe zu glauben. Wir sollen uns nicht selbst ständig beschuldigen. Auf jeden Fall muss die erste Ehe und ihr Scheitern erst verarbeitet werden, bevor eine neue Ehe geschlossen werden kann. Sonst werden die Fehler der ersten wiederholt.

Aber wer das Scheitern angeschaut und betrauert hat, wer durch den schmerzlichen Prozess des Abschiednehmens von seinen eigenen Illusionen innerlich gereift ist, der darf im Vertrauen auf Gott dann auch eine zweite Ehe eingehen. Er darf Gott um den Segen für diese neue Ehe bitten. Er entspricht damit nicht kirchlichem Eherecht. Aber er begeht keine Todsünde. Wenn er im Vertrauen auf Gott in der neuen Partnerschaft treu bleibt und ein christliches Leben führt, dann darf er auch glauben, dass seine neue Partnerschaft Gottes Willen entspricht.

Ich habe kein Recht auf diese zweite Ehe. Ich muss immer auch wissen, dass mein ursprünglicher Lebensentwurf in der ersten Ehe zerbrochen ist. Das macht mich demütiger. **Aber in dieser Demut darf ich zugleich voll Vertrauen meinen Weg weitergehen. Gott bestraft nicht. Er will, dass mein Leben gelingt.** Die zweite Ehe wird nur gelingen, wenn ich aus dem Scheitern der ersten Ehe gelernt habe. Es geht darum, mich durch das Scheitern des ersten Lebensentwurfes immer mehr für Gott aufbrechen zu lassen.

Wie kann man jemandem helfen, wenn er an einer tiefen Depression leidet und dazu sehr mit seinem Glauben ringt, weil er überzeugt ist, dass Gott sich um ihn nicht kümmert?

Für den depressiven Menschen scheint Gott oft weit weg zu sein. Alles erscheint dunkel. Es gibt Depressionen, die eine Reaktion auf schmerzliche Verlusterfahrungen sind. Und es gibt endogene Depressionen, die letztlich auch eine körperliche Krankheit darstellen und die Behandlung durch Medikamente erfordern. Wichtig ist, dass wir Depression nicht als Schuld ansehen oder als Ausdruck unseres mangelnden Glaubens. Sie ist eine Herausforderung, die wir geistlich beantworten sollen. Wir sollen den depressiven Menschen in seiner Verlassenheit und Dunkelheit ernst nehmen und keine billigen Ratschläge geben, er solle sich an der Schönheit der Natur erfreuen oder sich ein gutes Essen gönnen. Denn der Depressive kann in seiner Depression nichts genießen.

Ich würde einem, der an Depressionen leidet, sagen: Ich verstehe, dass es schwer ist, die Dunkelheit und Verlassenheit der Depression auszuhalten. Aber versuche, dich mit deiner Depression auszusöhnen. Trotz aller scheinbaren Sinnlosigkeit hat sie einen Sinn. Frage die Depression, was sie dir sagen will. Vielleicht will sie dir sagen, dass du dein Maß mehr beachten

sollst, dass du besser für dich sorgen sollst, dass
du von deinem Perfektionismus lassen sollst. Du
musst eine Antwort geben auf deine Depression.
Wenn du den Eindruck hast, dass alles dunkel ist,
dann lasse dich von deiner Depression in die
Tiefe führen. Dort in der Tiefe wohnt Gott. Dein
Weg zu Gott führt dann nicht an deiner Depression
on vorbei, sondern durch sie hindurch. **Gott ist
in dir, auch wenn du ihn nicht fühlst.** Schreie aus
der Tiefe zu ihm. Sage ihm, wie du an deiner
Ohnmacht leidest. Vielleicht erahnst du dann
Gott, der dich gerade in deiner Ohnmacht mit
seiner Liebe umschließt. Und lasse durch deine
Depression dein Ego zerbrechen. Deine Vorstellungen vom Leben zerbrechen. Aber die Depression möchte dich aufbrechen für Gott, für den
ganz anderen Gott, für den Gott, der im Dunkeln
wohnt und gerade in der Finsternis deines Herzens Frieden verbreitet.

Mein Vater ist seit fünfzehn Jahren Witwer und hat sich Gott verschlossen. Er schreibt ihm alles Unglück zu. Ich bete für ihn und warte, dass sich seine Umkehr in Gang setzt. Tue ich genug?

Es ist wohl das Wichtigste, was Sie für Ihren Vater tun können, dass Sie für ihn beten. Sie sollen in Ihrem Gebet vertrauen, dass Gott ihn irgendwann wieder aufbricht für sich und seine Liebe.

Etwas anderes, was Sie tun können, ist das Gespräch mit dem Vater. Dabei sollen Sie ihn nicht auffordern, sich für Gott zu öffnen. Denn das wird er als Angriff erfahren. Aber Sie sollen ihn fragen, was ihn so schmerzt. Ich würde versuchen, seinen Schmerz zu verstehen und nachzuempfinden. Aber dann würde ich irgendwann auch fragen: „Was möchte deine verstorbene Frau dir heute sagen? Möchte sie, dass du dich von Gott abwendest und immer nur trauerst? Deine Frau ist jetzt bei Gott. Sie möchte, dass du lebst. Sie begleitet dich. Antworte mit deinem Leben auf deine Frau. Dann wirst du dich freuen können, sie im Tod wiederzusehen. Aber wenn du dich jetzt weigerst, zu leben, wird es niemandem nützen, dir nicht und uns nicht. Und auch deine Frau wird traurig sein."

Der Tod seiner Frau hat seine Vorstellungen von Gott und vom Leben zerbrochen. Aber vielleicht waren diese Vorstellungen auch nicht stimmig.

Es gibt nur die Alternative: **Entweder wir lassen durch den Tod des geliebten Menschen unsere Vorstellungen von Gott und von uns selbst zerbrechen, oder wir zerbrechen selbst.** Daher würde ich auf die Vorstellungen zu sprechen kommen, die er sich vom Leben, von sich selbst und von Gott gemacht hat und die jetzt durch den Tod seiner Frau zerbrochen worden sind. Dann geht es darum, andere angemessenere Bilder von Gott und vom Leben zu entwickeln.

Kann man durchs Gebet die Vergebung für einen Verstorbenen oder für jemanden, der in seinem Leben die Gebote Gottes nicht erfüllt hat, erlangen?

Gott ist immer bereit zu vergeben, sowohl dem Verstorbenen als auch dem, der jetzt in seinem Leben Gottes Gebote nicht erfüllt. Wir müssen Gott nicht bitten, dass er diesem Menschen vergibt. Wir sollen vielmehr für den Menschen beten, dass er sich der vergebenden Liebe Gottes öffnet. Das Gebet für den Verstorbenen begleitet ihn auf seinem Weg zu Gott. Es hilft ihm dabei, dass er sich in Gottes barmherzige Liebe ergibt. Aber wir sollen nicht jahrelang nach dem Tod noch für den Verstorbenen beten. In der katholischen Tradition gibt es das Sechs-Wochen-Amt. Sechs Wochen lang sollen wir für den Verstorbenen beten, dass er sich in Gottes Liebe fallen lassen und sich nicht vor ihr verschließen soll. Dann sollen wir vertrauen, dass er in Gottes Liebe ist. Wenn wir danach für ihn beten, ist das eher Ausdruck unserer Gemeinschaft mit ihm vor Gott. Wir beten für ihn und denken an ihn, wie er jetzt bei Gott ist und was er uns für eine Botschaft sagen möchte. **Wir brauchen also nicht mehr um die Vergebung bitten, sondern dürfen vertrauen, dass er im Frieden Gottes ist.** In jeder Eucharistiefeier gedenken wir der Verstorbenen. Wir erfahren in der Eucharistie die

Gemeinschaft mit den Verstorbenen, von denen wir annehmen dürfen, dass sie jetzt bei Gott das ewige Hochzeitsmahl feiern.

Ähnlich ist es mit dem Gebet für den, der Gottes Willen nicht erfüllt. Wir bitten Gott, dass er ihm seinen Geist sendet und ihn öffnet für seine Liebe und seinen Willen. Wir dürfen vertrauen, dass dieses Gebet seine Wirkung hat. Das Beispiel der hl. Monika, die jahrelang für ihren Sohn Augustinus gebetet hat, zeigt, dass Gott unsere Bitten erhört und das Herz dessen, für den wir beten, für seinen Geist öffnet. Das Gebet für den andern schenkt uns selbst Hoffnung, dass der andere sein Herz für Gott öffnet. Wir werden ihm anders begegnen. Das Gebet hilft uns, an den guten Kern zu glauben und zu vertrauen, dass dieser gute Kern stärker wird.

5.

Mit Angst, Leid und Krankheit umgehen

Das Leid hat nicht
in sich einen Sinn.
Aber wenn ich es als Anlass nehme,
mein Leben neu zu verstehen,
dann gebe ich dem Leid einen Sinn.

Ich habe eine fast obsessive Angst um die eigenen Kinder. Es genügt, dass sie etwas später nach Hause kommen, und ich stelle mir gleich vor, dass ihnen etwas Böses passiert ist. Woher kommt dies? Wie kann man damit kämpfen?

Woher die Angst kommt, kann ich auch nicht genau sagen. Vermutlich haben Sie in sich ein Bedürfnis nach Kontrolle, alles im Griff zu haben. Dahinter steckt eine tiefersitzende Angst davor, etwas zu verlieren, letztlich mich selbst zu verlieren. Vielleicht kommt in der Angst um die Kinder Ihre eigene Angst vor Verlassenwerden hoch. Oder es kommen Ängste hoch, die Ihnen als Kind eingeredet wurden, dass die Welt böse ist und wir von bösen Menschen verfolgt werden. Dann ist es wichtig, diese Angst anzuschauen: Ja, ich kenne sie. Aber jetzt distanziere ich mich von dieser Angst. Ich empfehle meine Kinder der Fürsorge Gottes. Ich lege sie in Gottes Hand. Natürlich ist diese Angst auch Ausdruck Ihrer Liebe zu den Kindern. Dann hat sie eine positive Wirkung: Sie sorgen sich um die Kinder. Sie möchten, dass es Ihnen gut geht. Aber Sie sprechen davon, dass die Angst Sie im Griff hat. Ich würde mit der Angst sprechen: „Ja, ich habe Angst, dass den Kindern etwas passiert. Es könnte ja auch wirklich sein. Aber ich kann die Kinder nicht rund um die Uhr kontrollieren. Ich kann sie nicht überallhin begleiten. Ich kann sie nur Gott anvertrauen, dass er seine schützende Hand über sie hält." Lassen Sie sich von der Angst immer wieder daran erinnern, dass es nicht nur Ihre Kinder sind, sondern dass Gott sie Ihnen geschenkt hat. Und lassen Sie sich von der Angst dazu anregen, für Ihre Kinder zu beten und sie dem Schutze Gottes zu empfehlen. Und vertrauen Sie darauf, dass Gott jedem Ihrer Kinder einen Engel zugesellt hat. Der Engel begleitet das Kind und wird sein Innerstes schützen. Natürlich ist das keine Garantie, dass nichts passiert. Aber es zeigt Ihnen, wie Sie Ihre Beziehung zu den Kindern gestalten sollen: Sie sollen sie lieben und zugleich loslassen. **Sie sollen immer wissen, dass Ihre Kinder auch Gottes Kinder sind. Und Gott sorgt für seine Kinder.**

Ich habe Angst, irgendeine Änderung in meinem Leben zuzulassen. Ich befürchte, dass Gott mich verletzt und dass ich die Kontrolle über mein Leben verlieren werde.

Ihre Angst weist Sie offensichtlich darauf hin, dass Sie innerlich verunsichert sind. Sie brauchen einen Halt und Sie brauchen Stabilität und Kontinuität in Ihrem Leben. Sonst steigt in Ihnen die Angst hoch, Sie könnten innerlich auseinanderfallen und Sie würden Ihre Identität verlieren. Sie sollen diese Angst anschauen und Ihr Bedürfnis nach Sicherheit zugeben. Aber was gibt Ihnen wirkliche Sicherheit und wirklichen Halt? Die Angst verweist Sie letztlich auf Gott. Nicht das gleichbleibende Leben erfüllt Ihre Sehnsucht nach Sicherheit, sondern Gott, der ein solider und fester Grund ist, auf dem Sie Ihr Lebenshaus aufbauen können.

Dann sollten Sie Ihre Angst zu Ende denken: Was könnte geschehen, wenn Sie die Kontrolle über Ihr Leben verlieren? Denken Sie so pessimistisch von sich, dass dann alles zerbrechen würde? Wenn Sie mit Ihrer Angst sprechen, können Sie sich von ihr auf Gott verweisen lassen. Sie können Gott die Angst hinhalten und ihm sagen: „Ja, ich habe Angst vor Veränderung. **Ich habe Angst, die Kontrolle über mein Leben zu verlieren. Aber ich muss mein Leben gar nicht kontrollieren. Du passt auf mich auf.** Du sorgst für mich. Du schützt mich davor, dass mein Leben zugrunde geht." Nach so einem Gespräch mit Gott können Sie sich voller Vertrauen in Gottes gute Hände fallen lassen. Dann sind Sie in Gottes Hand geborgen. Natürlich wird diese Angst in Ihnen immer wieder hochkommen. Aber lassen Sie sich von der Angst immer wieder neu an Gott erinnern. Gott wird Sie sicher nicht verletzen. Gott ist der Arzt, der unsere Wunden heilt. Offensichtlich haben Sie in Ihrem Leben eine große Verunsicherung erlebt. Daher haben Sie Angst vor Veränderung. Sie dürfen sich wegen der Angst nicht verurteilen, sondern müssen sich selbst mit Ihrer Angst verstehen. Aber zugleich müssen Sie die Angst Gott hinhalten und mit Christus über Ihre Angst sprechen. Dann kann sie sich lösen, und Sie können sich vertrauensvoll Gott überlassen.

Was kann man mit der Angst vor Verlust, vor Schmerz oder Krankheit tun? Ich fürchte mich, dass ich es nicht aushalte, wenn die Schmerzen über mich kommen.

Zunächst sollen Sie sich eingestehen, dass Sie Angst vor Verlust, vor Schmerzen und vor Krankheit haben. Dann sollen Sie die Angst zu Ende denken. Was könnte denn passieren, wenn ich einen Menschen oder einen Besitz verliere? Wenn ich mir diese Frage stelle, spüre ich, dass ich mich nicht vom Besitz oder von diesem Menschen definieren darf. Der tiefste Grund, auf den ich mein Lebenshaus baue, muss Gott selbst sein. Oder ich denke die Krankheit zu Ende. Ich werde irgendwann so krank werden, dass ich in Gott hinein sterbe. Die Angst vor der Krankheit verweist mich wiederum auf Gott als das Ziel meines Lebens. Die Angst vor zu großen Schmerzen, die ich nicht aushalten kann, ist sicher berechtigt. Aber wenn ich mit ihr rede, werde ich erkennen, dass es doch genügend Schmerzmittel gibt, um den Schmerz nicht größer werden zu lassen, als ich ihn aushalten kann. Und ich kann Gott bitten, mich vor zu großen Schmerzen zu bewahren.

Und Sie dürfen vertrauen, dass Gott Sie dann, wenn die Schmerzen oder die Krankheit kommen, schützt und Ihnen die Kraft schenkt, die Sie brauchen.

Mir hat ein Mitbruder erzählt, der durchaus die
Angst vor der Krankheit kannte: Als er die Diag-
nose bekam, dass er Krebs hatte, war keine
Angst da, sondern ein tiefer Friede. Er sagte sich:
Nun, wenn es sein muss, dann soll es so sein.
Wenn das, wovor wir Angst haben, eintritt, ist die
Angst oft verflogen, und wir spüren in uns eine
innere Bereitschaft, uns auf das Neue und Angst-
besetzte einzulassen.

Ich habe gelernt, mit meiner Angst zu leben. Diese wurzelt wahrscheinlich in der Kindheit, die ich in einer unharmonischen Familie erlebt habe. Oft fällt mir ein, dass die Angst tief in meinem Unbewussten ruht. Kann man sie irgendwie beeinflussen?

Je früher die Verletzungen in der Kindheit geschehen sind, desto tiefer sitzt die Angst im Unbewussten und desto irrationaler ist sie. Wir verstehen die Angst selber nicht. Wir spüren nur, dass da immer wieder eine tiefsitzende Angst in uns hochkommt. Oft ist es die Angst vor Verlassenwerden, vor Verhungern und Zukurzkommen oder vor der Bedrohung durch andere Menschen.

Wir können diese tiefsitzenden Ängste nicht einfach ausrotten. Aber wir können sie durchaus beeinflussen. Ein Weg ist, dass wir unsere Angst, die wir nicht erklären können, Gott hinhalten. Wir sollen vor Gott in diese Angst hineinspüren. Welche Bilder tauchen da auf? Welche Vorstellungen und Assoziationen? Dann sollten wir mit Gott über unsere Angst sprechen und ihn fragen, was er uns durch die Angst sagen möchte. Vielleicht möchte er uns darauf hinweisen, dass wir uns mit unserer Angst ihm ergeben. Oder wir sollen die Angst zu Ende denken. Wenn das eintritt, wovor ich Angst habe, was geschieht dann? Wenn ich die Angst zulasse, dann verliert sie ihren Schrecken. Selbst wenn ich krank werde oder bedroht werde oder verlassen werde, bin ich immer noch in Gottes Hand. Die Angst verweist mich dann immer wieder neu auf Gott.

Ein anderer Weg wäre: **Ich stelle mir vor, wie Gottes Licht in diese Angst einströmt und sie langsam verwandelt.** Ich verdränge dann meine Angst nicht. Ich schaue sie an. Aber ich bin nicht auf sie fixiert. Ich vertraue darauf, dass Gottes Liebe in diese Angst hineinfließt und sie mehr und mehr auflöst. Dann spüre ich mitten in meiner Angst einen tiefen inneren Frieden. Auf diese Weise wird die Angst, die in der Tiefe immer wieder auftaucht, zum Erinnerungszeichen an Gottes heilende und liebende Nähe. Die Angst will uns daran erinnern, dass wir in Gottes Hand sind, dass wir mit unserer Angst von Gottes Liebe umgeben sind. Dann verwandelt sich die Angst langsam.

Ich habe Angst vor meiner Krankheit. Ich vertraue Gott, aber in manchen Momenten befällt mich eine starke Angst. Das Gefühl der Krankheit meldet sich mit neuer Kraft zu Wort, und es zeigen sich Symptome der Krankheit. Genauso leide ich an der Angst vor dem Tod. Es gibt Momente, wo ich völlig ratlos bin. Wie soll ich in solchem Zustand im Augenblick leben?

Sie sollen nicht verzweifelt sein, wenn die Angst immer wieder über Sie hereinbricht. Vor allem dürfen Sie sich nicht als Versager fühlen, als ob das Gebet und das Vertrauen auf Gott nicht geholfen haben. Sprechen Sie vielmehr mit Gott über Ihre Angst vor der Krankheit: „Ja, es kann sein, dass ich krank werde, dass ich Krebs bekomme. Aber ich vertraue mich dir an mit meiner Gesundheit und mit meiner Krankheit. Ich weiß, dass du bei mir bist in guten und bösen Tagen. Und wenn ich krank werde, dann willst du mich auf das Eigentliche meines Lebens verweisen: es geht nicht um Leistung und Kraft, sondern um Durchlässigkeit für deinen Geist. Es geht darum, dass ich in meiner Kraft und meiner Schwäche Zeugnis für dich und deine Liebe ablege." Die Angst vor der Krankheit drückt sich oft so aus, dass die Symptome der Krankheit sich zeigen. Auch darüber sollen wir dann mit Gott reden: „Es kann sein, dass diese Symptome auf die Krankheit hinweisen. Stärke mich in meiner

Krankheit und bekämpfe mit deinem Geist meine
Krankheit. Und schenke mir die Bereitschaft,
mich ganz und gar in deinen Dienst zu stellen
und mich in deinen Willen zu ergeben."
Wenn Sie Angst vor dem Tod haben, können Sie
sich vorsagen: „Ja, ich werde sterben. Aber ich
werde sicher in Gottes barmherzige Hände hinein
sterben. Aber jetzt in diesem Augenblick, in dem
ich Angst vor dem Tod habe, lebe ich." Dann
können Sie ganz bewusst jetzt im Augenblick
leben und das tun, was für Sie stimmig ist. Sie
können überlegen, welche Lebensspur Sie gerade in diesem Augenblick in die Welt eingraben
möchten. **Der Gedanke an den Tod kann Ihnen
helfen, ganz im Augenblick zu leben und jetzt in
diesem Augenblick bewusst Zeuge für die Liebe
Gottes zu sein.**

Wie soll ich mit meinen Emotionen umgehen (Wut, impulsives Handeln, Weinen). Ich bin mit den Kindern zu Hause, und manchmal reagiere ich sehr übertrieben.

Sie sollen Ihre Emotionen nicht kontrollieren. Denn dann brauchen Sie zuviel Energie, um sie ständig unter Verschluss zu halten. Sie sollen Ihre Emotionen genau anschauen und mit ihnen ein Gespräch beginnen, was sie Ihnen sagen möchten. Wenn Sie Ihren Kindern gegenüber zu heftig reagieren, sollen Sie mal genau hinschauen, in welchen Situationen Sie so übertrieben reagieren oder was diese Reaktion häufig auslöst. Was hat Sie so an dem Kind geärgert? Die heftigen Emotionen sind ein Spiegel für Ihre Seele. Vielleicht weisen die starken Emotionen auf verletzende Erfahrungen in der Kindheit hin, auf die Angst, wieder so verletzt zu werden. In übertriebenen Reaktionen stoßen wir auf unsere eigenen Schattenseiten. Das Kind erinnert uns an das, was wir bei uns verdrängt haben. Da ist z. B. eine Tochter, die nur egoistisch ihre eigenen Wünsche lebt. Sie bringt die Mutter zur Weißglut. Doch wenn die Mutter genau hinschauen würde, würde sie erkennen, dass die Tochter nur ihre eigenen Schattenseiten lebt. Die Mutter opfert sich für die Familie auf und unterdrückt ihr eigenes Bedürfnis, sich mal Zeit zu nehmen und das zu tun, was sie selber gerne möchte.

Manchmal zeigen die Reaktionen auch nur, dass Sie nicht in Ihrer Mitte sind. Sie haben sich zu sehr von äußeren Dingen aus der Mitte heraus treiben lassen. Dann wäre die Aufgabe, wieder mehr in die Mitte zu kommen, durch Gebet oder Meditation. Manchmal helfen auch Rituale. Segnen Sie am Morgen Ihre Kinder. Dann werden Sie ihnen mit anderen Augen begegnen. Sie können gelassen zuschauen, ohne gleich immer reagieren zu müssen. Aber wichtig ist, dass Sie sich selbst nicht überfordern. Sie brauchen viel Geduld mit sich selbst. **Nehmen Sie den Alltag mit den heftigen Emotionen als eine Schule der Selbsterkenntnis und der persönlichen Reifung. Wir lernen immer über Versuch und Irrtum.** Sie dürfen also immer wieder mal heftig reagieren. Aber dann halten Sie diese Reaktion im Gebet vor Gott. Dann werden Sie vor Gott erkennen, was Ihre tiefste Sehnsucht ist.

Sollen wir uns bemühen, das Leid der anderen zu verwandeln, es mit einem Sinn zu füllen und dadurch den anderen helfen? Oder sollen wir dieses Leid als einen festen Bestandteil der Welt verstehen, welchen man nicht verwandeln und mit Sinn erfüllen kann?

Wir sollen dem andern beistehen in seinem Leid. Trost bedeutet zuerst, dass ich beim andern stehen bleibe, auch wenn er seine Verzweiflung herausschreit und ich keine Antwort weiß. Ich muss zuerst die Sinnlosigkeit des Leids aushalten. Aber dann kann ich mit dem andern doch ins Gespräch darüber kommen, wie er mit dem Leid umgehen möchte und wie er darauf reagieren möchte. Und ein Weg dazu ist, dem Leiden einen Sinn abzutrotzen. Das Leid hat nicht in sich einen Sinn. Aber wenn ich mich selbst nicht durch das Leid zerbrechen lasse, sondern es als Anlass nehme, mein Leben neu zu verstehen und zu gestalten, dann gebe ich dem Leid einen Sinn. Und das ist sicher wichtig, damit sich mein Leid wandelt. Viktor Frankl, der jüdische Therapeut, der selbst im KZ war, spricht von der Trotzmacht des Geistes. Unser Geist vermag auf das Leid zu reagieren und ihm einen Sinn zu geben. Das verwandelt das Leid. Und vor allem verwandelt es mich selbst. Mein Leben bekommt eine neue Qualität.

Natürlich ist das Leid offensichtlich ein Bestandteil der Welt. Es hat in sich nicht von vornherein einen Sinn. Ich muss also das Leid nicht mit Sinn erfüllen. **Ich muss vielmehr meinem Leben, das durch das Leid erschüttert worden ist, einen neuen Sinn geben.** Dann werde ich auch das Leid mit neuen Augen sehen. Im Nachhinein kann ich dann vielleicht sagen: „Musste nicht der Messias all das erleiden, um so einzugehen in die Herrlichkeit Gottes? Musste es nicht so geschehen, damit alle Illusionen, die ich mir vom Leben gemacht habe, zerbrechen und ich hineinwachse in die einmalige Gestalt, die Gott mir zugedacht hat?"

Ich habe Ungerechtigkeit bei meinem Studiumabschluss erfahren. Ich war überzeugt, dass ich das ungerechte Urteil mit eigener Kraft verkraften werde, dass ich den Kopf nicht beuge und mich nicht demütigen lasse. Einfach, dass ich es nicht aufgebe. Jetzt aber sehe ich, dass es ein Fehler war.

Sie haben mit guter Absicht auf die Ungerechtigkeit reagiert. Sie hatten gedacht, dass Sie daran nicht zerbrechen. Das war gut gemeint. Aber vielleicht haben Sie sich selbst überschätzt. Gut wäre es gewesen, wenn Sie Ihren Gefühlen besser getraut und sie vor Gott genauer angeschaut hätten. Vielleicht wäre Ihnen dann aufgegangen, dass auch Wut in Ihnen ist. Und diese Wut wäre die Kraft gewesen, sich dagegen zu wehren, ohne sich von ihr bestimmen zu lassen. Vor Gott hätten Sie innere Klarheit gewonnen. Der erste Weg, auf Ungerechtigkeit zu reagieren, ist immer, sich innerlich davon zu befreien, ihr nicht soviel Macht zu geben. Doch wenn ich spüre, dass ich damit überfordert bin, dass mich die Wut im Griff hat, dann muss ich andere Wege suchen. Dann ist die Wut der Impuls, etwas zu ändern. In Ihrem Fall wäre es dann eben dran gewesen, dagegen anzugehen und um Ihr Recht zu kämpfen.
Die Frage ist, was Sie jetzt machen sollen. Vermutlich können Sie nicht mehr dagegen klagen. Dann ist es gut, dass Sie sich selbst nicht verur-

teilen oder beschimpfen. Sie haben es so
gemacht. Das hat Ihnen geschadet. Aber vielleicht ist das auch eine Chance, daran zu reifen
und stärker zu werden. Ich würde jetzt in aller
Ruhe vor Gott überlegen, was Sie jetzt machen
sollen. Vielleicht eröffnen sich für Sie neue
Wege. **Es ist nie zu spät, zu reagieren. Und
auch eine falsche Reaktion kann von Gott in einen
Segen verwandelt werden.** Vielleicht werden Sie
durch diese Erfahrung wachsen und sensibler
werden für Ungerechtigkeit in Ihrer Umgebung.
Auf jeden Fall lernen Sie durch diese Erfahrung,
dass Sie das nächste Mal noch mehr auf Ihre
Gefühle hören sollen, in denen Gott zu Ihnen
spricht. Und Sie sollten vor Gott mit den Gefühlen sprechen, was sie Ihnen sagen möchten.

Sie haben einige Ebenen des Leids erwähnt. So sprachen Sie auch über das „selbstverschuldete" Leid. Entstehen alle Neurosen durch dieses selbstverschuldete Leid, da der Mensch nicht imstande war, sich selbst, die eigenen Grenzen und das Leid zu tragen?

Ich würde nie verallgemeinern. Es gibt Neurosen, die Ausdruck des selbstverschuldeten Leids sind. C. G. Jung meint, oft sei die Neurose das Ersatzleiden, das man sich aussucht, wenn man dem Leiden, das notwendig mit meiner endlichen Existenz gegeben ist, ausweiche. Das Leiden an meiner Gegensätzlichkeit und an meiner Begrenzung gehört wesentlich zu mir. Wenn jemand seine Grenze nicht akzeptiert und seinen Größenphantasien nachhängt, dann wird seine Seele neurotisch. Oder wenn jemand alles kontrollieren will, dann ist oft eine Zwangsneurose die Folge. Aber wir dürfen nicht bei jedem neurotischen Menschen sagen: Er ist selbst schuld daran. Es geht hier überhaupt nie um Schuld. Neurose ist oft der Versuch, mit seinem Leben irgendwie zurecht zu kommen. Aber es ist häufig ein unangemessener Versuch. Es gibt auch Neurosen, die einfach Ausdruck unserer Überforderung durch das Leben sind. Ich kenne Menschen, die eine so schwierige und traumatische Kindheit haben, dass es fast ein Wunder ist, wenn sie da unbeschädigt herauskommen. Da ist die Neurose oft

eine Überlebensstrategie, um dem übergroßen
Schmerz aus dem Weg zu gehen. Wir dürfen so
einem Menschen seine Neurose gar nicht nehmen. Denn er würde vielleicht das Zerbrechen
seines Lebensgebäudes gar nicht verkraften. Der
Schmerz über seine Verlassenheit wäre zu groß.
Er würde ihn überfordern. Es gibt auch Neuro-
sen, die uns vor körperlicher Krankheit bewah-
ren. Aber oft ist die Neurose nur zeitweise eine
Überlebensstrategie. Irgendwann wird sie zum
Gefängnis. Und dann ist es wichtig, an ihr zu
arbeiten, damit sie mich nicht mehr im Griff hat,
sondern für Gott und für das Leben aufbricht.
**Wir brauchen andere bessere Strategien, das
Leben zu bewältigen.** Dann verflüchtigt sich die
Neurose.

Ich bin Alkoholiker. Es bedeutet großes Leid. Ich empfange die Sakramente und sage zu mir immer wieder: „Niemals mehr!" Aber ich falle immer wieder zurück und werfe es mir vor. Wie kann man der Sucht endlich ein Ende setzen?

Sie müssen zuerst anerkennen, dass Alkoholismus eine Krankheit ist. Sie sind durch den beständigen Alkoholkonsum krank geworden. Sie müssen Ihre Ohnmacht anerkennen, allein mit dem Willen vom Alkohol wegzukommen. Die anonymen Alkoholiker erkennen zuerst ihre Ohnmacht an. Und dann bitten sie Gott um Hilfe, ihnen heute beizustehen, dass sie sich vom Alkohol enthalten können. Krankheit muss behandelt werden. Es wäre sicher gut, einen Entzug in der Klinik zu machen und dann eine Entziehungskur. Sich das einzugestehen, dass Sie Hilfe brauchen, ist sicher nicht einfach. Aber nur wenn Sie sich eingestehen, dass Sie krank sind und Hilfe brauchen, werden Sie vom Alkohol loskommen.

Es gibt aber auch noch einen anderen Umgang mit dem Alkohol: den spirituellen Umgang. Der spirituelle Umgang mit der Suchtkrankheit bedeutet nicht, dass Sie Gott bitten, er möge Ihnen die Krankheit wegnehmen. Sie müssen vielmehr Ihre Sucht Gott hinhalten. Und Sie sollen versuchen, Ihre Sucht wieder in Sehnsucht zu verwandeln. Sucht ist immer verdrängte Sehnsucht. Sie müssen mit der Sehnsucht in Berüh-

rung kommen, dann wird die Sucht vergehen.
Spüren Sie sich hinein in Ihre Sucht. Welche
Sehnsucht steckt darin? Im Alkoholtrinken steckt
oft die Sehnsucht nach einer ganz heilen Welt.
Ich möchte mich spüren. Ich möchte nicht von
den Problemen um mich herum zerrissen werden. Ich möchte mich wohlfühlen. Das alles sind
berechtigte Sehnsüchte. Aber wie können Sie die
Sehnsucht anders erfüllen? **Letztlich verweist
Sie die Sehnsucht auf Gott. In Gott sind Sie wirklich geborgen und getragen und angenommen.**
Da dürfen Sie sich daheim fühlen. Sie dürfen
sich wegen Ihrer Sucht nicht verurteilen. Was Sie
bei sich verurteilen, das wird Sie immer verfol-
gen. Sie müssen die Sucht als Freundin nehmen,
die Sie auf Gott verweist, die Sie immer wieder
an Ihre Sehnsucht nach Gott erinnert. Dann
brauchen Sie irgendwann die Sucht nicht mehr.

Warum habe ich von Gott so viele Gaben empfangen (Intelligenz, Begabung, Fähigkeiten ...), wenn ich sie wegen meiner Krankheit nicht benutzen kann?

Gott hat Ihnen Ihre Begabung sicher nicht umsonst gegeben. Sie können sie momentan wegen Ihrer Krankheit nicht so nutzen, wie Sie gerne möchten. Es gibt drei Weisen, wie Sie damit umgehen können. Der erste Weg besteht darin, dass Sie Ihre Krankheit betrauern. Es tut weh, dass Sie Ihre Fähigkeiten nicht so leben können, wie Sie gerne möchten. Wenn Sie den Schmerz zulassen und Ihr Defizit betrauern, dann können Sie durch die Trauer hindurch mit dem inneren Potential Ihrer Seele in Berührung kommen und Neues in sich entdecken. Der zweite Weg: Wenn ich meine Fähigkeit nicht so benutzen kann, wie ich es ohne die Krankheit könnte, wie verändert dann meine Krankheit die Fähigkeit? Die Fähigkeit ist ja trotzdem noch da. Vielleicht soll ich sie anders einsetzen. Vielleicht zeigt mir die Krankheit, dass die äußere Fähigkeit mich auf tiefer liegende spirituelle Fähigkeiten verweisen möchte. Dann soll ich die Fähigkeit innerhalb meiner Krankheit benutzen.

Der dritte Weg wäre: Fragen Sie sich, wie Ihre Fähigkeit Ihnen helfen kann, die Krankheit zu überwinden. Sie durchschauen Ihre Krankheit. Sie verstehen sie. Was möchte Ihnen die Krank-

heit sagen? Und wie können Sie so mit der
Krankheit umgehen, dass die Krankheit Sie nicht
behindert, sondern Sie aufschließt für Ihre wahren Fähigkeiten? Und nutzen Sie Ihre Fähigkeit
und Ihre Begabung, eine Antwort auf Ihre Krankheit zu geben. Vielleicht löst sich dann die Krankheit auf. Wenn sie bleibt, dann führt die Krankheit Sie auf eine tiefere Ebene, auf Ihr wahres
Wesen. Und dort spüren Sie, wer Sie wirklich
sind. **Sie sind mehr als Ihre Fähigkeiten. Sie
sind einmalig.** Sie sollen mit Ihrem Leben eine Spur
in diese Welt eingraben, die nur durch Sie einge-
graben werden kann. Was ist diese Spur, die nur
für Sie gilt?

6.

Die Bibel verstehen

Gott spricht zu mir
in der Bibel.
Und da sind viele Liebesworte.
Ich muss sie nur
in mein Herz eindringen lassen.

Wo kann ich in der Heiligen Schrift etwas über die Selbstannahme und über das richtige Selbstbild finden? Wie verhält sich dies zu den Worten über die Selbstentsagung und Selbstverleugnung?

Jesu Gebot, den Nächsten zu lieben wie sich selbst, fordert uns zur Selbstannahme auf. Wir können den andern nur annehmen, wenn wir uns selbst annehmen. Ein anderes Wort ist: „Wer nicht sein Kreuz trägt und mir nachfolgt, der kann nicht mein Jünger sein." (Lk 14,27) Das Kreuz tragen heißt: mich annehmen in meiner Gegensätzlichkeit, mit allen Licht- und Schattenseiten. Und ein anderes Wort ist das Gleichnis Jesu vom Turm, den wir bauen sollen. (Lk 14,28-30) Wir sollen unsern Lebensturm mit den Mitteln bauen, die uns zur Verfügung stehen, mit den Steinen unserer Lebensgeschichte. Wenn wir den Turm zu klein bauen, verfehlen wir unser Leben. Und wenn wir ihn zu groß anfangen, werden wir ihn nicht vollenden können. Wir sollen unser Maß finden.

Das Wort Jesu von der Selbstverleugnung meint, dass wir frei werden von unserem Ego. Das Ego will alles für sich benutzen. Es kreist immer nur um sich. Wir sollten vom Ego zum wahren Selbst gelangen. Das Selbst ist unsere Personmitte. In ihm ist unser wahres Wesen. Das Selbst sollen wir nicht verleugnen. Wir sollten vielmehr dem Ego Widerstand leisten, uns befreien von der versklavenden Macht des Ego. Selbstverleugnung darf nicht zur Selbstentwertung oder Selbstverbiegung werden. **Jesus meint damit vielmehr einen Weg, frei zu werden von der Macht des Ego, durchlässig zu werden für den Geist Gottes.** Wenn einer sich selbst nur in den Mittelpunkt stellt, wirkt er auf seine Umgebung unangenehm. Wer durchlässig ist für den Geist Gottes, der wird auch leichter eine gute Beziehung zu den Menschen finden. Es tut ihm selbst gut. Der Egoist schadet sich letztlich selbst. Er verkümmert menschlich.

Wie kann man das Verständnis des Glaubens bei Jakobus und Paulus miteinander versöhnen?

Paulus und Jakobus verkünden ihre Sicht des Glaubens jeweils in eine andere Situation. Jakobus spricht zu Judenchristen. Er greift das jüdische Denken auf. Und er betont, dass auch wir Christen das Gesetz Gottes erfüllen müssen. Er spricht vom königlichen Gesetz der Freiheit, das uns Gott gegeben hat. Und er fordert uns auf, den Glauben konkret werden zu lassen, indem wir den Nächsten lieben und uns für den Armen einsetzen. In 2,24 sagt er scheinbar im Gegensatz zu Paulus, dass der Mensch aufgrund seiner Werke gerecht wird und nicht durch den Glauben allein. Der Glaube muss sich in Werken ausdrücken, in Taten der Nächstenliebe. Sonst ist es kein wirklicher Glaube. Das ist kein wirklicher Gegensatz zu Paulus, für den der Glaube zuerst steht. Aber auch Paulus spricht davon, dass der Glaube in der Liebe wirksam wird. Die Liebe ist für Paulus ein Kriterium, ob der Mensch wirklich glaubt oder ob er nur einen äußeren Glauben hat. So ein äußerer Glaube, der sich nicht ausdrückt in Werken der Liebe, ist auch für Paulus wertlos.

Paulus spricht in die Situation, die er selbst als Pharisäer erlebt hat, dass er am Anspruch des Gesetzes gescheitert ist. Er wollte alle Gebote Gottes genau erfüllen, um sich so das Heil selbst zu erarbeiten. Er wollte vor Gott gut da stehen. In der Begegnung mit Jesus Christus vor Damaskus hat er die umwerfende Erfahrung gemacht, dass er durch die bedingungslose Liebe, mit der Christus ihn geliebt hat, indem er für ihn am Kreuz gestorben ist, schon angenommen und gerechtfertigt ist. Er hat in der Begegnung mit Jesus Christus, dem Gekreuzigten, die Freiheit von allem Druck erfahren, sich selbst rechtfertigen zu müssen. So spricht er seinen Lesern aus seiner eigenen befreienden Erfahrung zu: Du bist schon gerechtfertigt. **Du brauchst dich nicht selbst gerecht zu machen. Das Kreuz Jesu zeigt dir, dass du bedingungslos geliebt bist.** Du musst dir diese Liebe nicht erkaufen. Beide Sichtweisen gehören zusammen und ergänzen sich gegenseitig. Immer wenn man eine Sichtweise absolut nimmt, gerät man in Gefahr, das Christliche zu verfälschen.

In der Heiligen Schrift sagt Gott zu Paulus: „Meine Gnade genügt dir." Was bedeutet es?

Paulus wollte seine Krankheit loswerden. Was diese Krankheit war, wissen wir nicht mehr. Manche meinen, es seien aufgrund der Steinigung, die er erlebt hat, epileptische Anfälle gewesen. Andere sprechen von den rasenden Schmerzen einer Migräne. Wir können das heute nicht mehr genau sagen. Aber es war auf jeden Fall eine Schwäche, an der er gelitten hat. So hat er Christus gebeten, er möge ihn von dieser Krankheit befreien. Er meinte, als gesunder Apostel könnte er mehr für das Reich Gottes leisten. Doch Christus sagte zu ihm: „Meine Gnade genügt dir; denn sie erweist ihre Kraft in der Schwachheit." (2 Kor 12,9) **Christus kann auch durch unsere Schwächen wirken.** Die Schwäche hindert uns nicht daran, für Christus durchlässig zu werden. Im Gegenteil, sie kann sogar eine Hilfe sein, damit wir uns selbst nicht in den Mittelpunkt stellen, sondern wirklich durchlässig sind für den Geist Jesu. Dieses Wort befreit uns von dem Leistungsdruck, dass wir alle Schwächen, alle Ängste, alle Empfindlichkeiten los werden müssen. Wir dürfen wie der hl. Paulus Gott darum bitten, dass er uns befreit von unserer Angst und Empfindlichkeit. Aber wenn wir immer noch darunter leiden, ist das kein Zeichen, dass Gott uns nicht erhört hat. Vielmehr mutet er uns zu, dass wir uns mit der Angst und Empfindlichkeit aussöhnen und gerade so für Gottes Geist durchlässig werden. Das befreit uns von dem Ego, das immer nur imponieren möchte. Wir kommen in Berührung mit dem wahren Selbst, mit dem innersten Kern, in dem Gott selbst wohnt.

Für Paulus wurde die Erfahrung seiner Krankheit und seiner Leiden zu einem wichtigen Weg, das Geheimnis der Passion Jesu Christi zu erkennen. Nach seiner vergeblichen Bitte, ihn von der Krankheit zu befreien, spürte er, dass er gerade durch die Krankheit und eigene Schwäche tiefer hineinwuchs in die Gemeinschaft mit dem gekreuzigten und auferstandenen Herrn. Er verkündete das Geheimnis von Tod und Auferstehung Jesu nicht nur mit Worten, sondern mit seiner ganzen Existenz, gerade auch mit seiner Krankheit.

Wie verstehen Sie die Worte Ihres Namenspatrons, des heiligen Anselm, über den Tod Jesu am Kreuz? Anselm meint, dass Jesus durch seinen Tod die Schuld der Menschheit an Satan zurückgezahlt hat.

Der hl. Anselm wollte seinen Zeitgenossen das Geheimnis des Todes Jesu von der Vernunft her erklären. Sein Wahlspruch lautet: „fides quaerens intellectum – der Glaube, der nach Einsicht sucht". Anselm wollte seinen Glauben mit dem Verstand durchdringen. Er hat die Sprache gewählt, die die Menschen damals verstanden haben. Es war die Sprache des germanischen Rechts. Anselm wollte auf die Frage antworten, wie denn der grausame Tod Jesu mit dem gütigen und gerechten Gott zu vereinbaren sei. Und er versucht zu erklären, dass der Tod Jesu am Kreuz für unsere Sünden sowohl der Barmherzigkeit als auch der Gerechtigkeit Gottes entspreche. Für uns ist seine Sprache heute eher fremd. Wir müssen sie in unsere Zeit übersetzen. Wir dürfen auf keinen Fall in seine Lehre die Vorstellung hineinlesen, als ob Gott den Tod seines Sohnes brauche, damit er uns vergeben könne. Das widerspricht seiner Sicht. Anselm geht es vielmehr darum, wie der Mensch seine Würde erhalte und wahre. Der freiwillige Tod Jesu, der sich für uns Sünder aus Liebe hingibt, gibt uns unsere Würde wieder zurück. In der Geschichte der

Theologie hat es viele Versuche gegeben, das Geheimnis der Erlösung durch Tod und Auferstehung Jesu zu verstehen. Schon die Bibel hat viele Bilder von Erlösung. Da ist das Bild der Befreiung, das Bild der Reinigung, das Bild der Vergebung und das Bild des Loskaufes. Ich muss meine Schulden nicht zurückzahlen. Ein anderer hat sie übernommen. **Aber wir müssen immer wissen, dass es ein Bild ist, um eine Wirklichkeit zu erklären, die letztlich unbegreiflich bleibt. Es ist die Wirklichkeit der unendlichen Liebe Gottes,** die das Kreuz als Ort menschlicher Grausamkeit verwandelt hat in die höchste Offenbarung der Liebe. Ein Bild für diese Liebe ist, dass unsere Schuld getilgt ist, dass wir unsere Schuld nicht mehr abzahlen müssen, indem wir uns verausgaben oder indem wir uns klein machen und uns ständig beschuldigen und selbst bestrafen.

7.

Das Leben nach dem Tod
ist die Erfüllung
unserer Sehnsucht.

Werden wir nach dem Tod in Gott unsere Lieben wiedersehen? Oder gibt es keine persönlichen menschlichen Beziehungen mehr?

Wir dürfen vertrauen, dass wir im Tod die Menschen, die wir geliebt haben, wiedersehen und dass wir ihre Gemeinschaft erleben dürfen. Die Widerstandskämpfer im Dritten Reich haben aus dem Gefängnis kurz vor ihrem Tod an ihre Frauen und Kinder geschrieben: „Wir werden uns wiedersehen." Das war für sie Ausdruck des Glaubens, dass Gott den Schergen keine Macht gibt über die menschliche Liebe. Die Liebe wird durch den Tod nicht zerbrechen. Sie ist stärker als der Tod. Wir werden im Tod nicht aus der Liebe Gottes fallen, aber auch nicht aus der Liebe zu den Menschen. Im Tod wird auch diese Liebe zu einem andern Menschen vollendet. Aber zugleich müssen wir uns eingestehen, dass wir uns das letztlich nicht genau vorstellen können, wie es sein wird. Es wird sicher kein Klassentreffen werden, bei dem man sich ständig erzählt, was gewesen ist. Es wird vielmehr eine Begegnung und ein Einswerden sein ohne viele Worte. Aber all das, wonach wir uns in der Liebe gesehnt haben, wird erfüllt werden, in einer Weise, wie es Paulus im 1. Korintherbrief andeutet: „Was kein Auge gesehen und kein Ohr gehört hat, was keinem Menschen in den Sinn gekommen ist: das Große, das Gott denen bereitet hat, die ihn lie-

ben." (1 Kor 2,9) Wir werden auch nach dem Tod
eine persönliche Beziehung haben zu den Menschen, die wir hier geliebt haben. Unsere Liebe
wird im Tod erst wirklich vollendet. Da wird sie
nicht mehr verdunkelt durch unsere Fehler und
Schwächen. **Aber diese persönliche Liebe wird
keine ausschließende und abgrenzende Liebe
sein, sondern eine Liebe, die für alle Menschen
offen ist.** Wie das möglich ist, dass wir einen Menschen besonders lieben, ohne die andern auszu-
schließen, können wir uns letztlich nicht vorstellen. Ich kenne Menschen, die Angst haben,
bestimmte Menschen im Himmel wiederzusehen,
die sie tief verletzt haben oder mit denen sie
einen Konflikt hatten. Aber wir dürfen vertrauen,
dass sie völlig verwandelt sind, so dass es eine
andere Begegnung wird, als sie hier auf Erden
war. Die Liebe zu denen, mit denen wir uns hier
am nächsten fühlten, wird durch die Liebe zu den
andern nicht vermindert, sondern vermehrt.

Was ist das Fegefeuer? Wie kann man sich das Leben nach dem Tod vorstellen?

Im Lateinischen heißt das Fegefeuer „purgatorium". Das bedeutet Reinigungsort. Fegefeuer ist ein Bild für die Läuterung, die wir im Tod nötig haben, um zu Gott zu kommen. Aber es ist eben ein Bild. Für mich geschieht die Reinigung in der Begegnung mit der Liebe Gottes. In der Liebe Gottes erkenne ich auch, dass ich mich Gott gegenüber verschlossen und ihn oft genug missachtet habe. Diese Erfahrung schmerzt. Aber indem ich alles in die Liebe Gottes halte, erfahre ich Reinigung. Das Fegefeuer ist kein Ort, sondern es geschieht in der Begegnung mit der unendlichen Liebe Gottes. Es ist der Schmerz über meine Wahrheit, die ich angesichts der Liebe Gottes erkenne.

Das Leben nach dem Tod ist die Erfüllung unserer Sehnsucht. Es wird nicht einfach unsere Seele zu Gott kommen. Die katholische Lehre sagt, dass wir – wie Maria – mit Leib und Seele zu Gott kommen, dass wir mit Leib und Seele auferstehen. Der Leib ist der Gedächtnisspeicher aller wichtigen Erfahrungen. Unsere Liebe geht über den Leib, unsere Freude drückt sich im Leib aus. Wenn wir mit Leib und Seele auferstehen, dann heißt das, dass wir als einmalige Personen zu Gott kommen und mit ihm eins werden. Zugleich dürfen wir auch die Gemeinschaft mit

all denen erfahren, die uns vorangegangen sind
im Tod. Wir werden nicht aus der Liebe Gottes
fallen, aber auch nicht aus der Liebe, die wir hier
erlebt haben. Gabriel Marcel, der französische
Philosoph, sagt einmai: „Lieben, das heißt zum
andern sagen: Du, du wirst nicht sterben." **Im
Tod dürfen wir erfahren, dass die Liebe stärker ist
als der Tod.** Die Bibel beschreibt das Leben nach
dem Tod als ewiges Fest, als Hochzeitsmahl. Für
Paulus ist das ewige Leben: für immer beim
Herrn sein. Wir können über das Leben nach
dem Tod nur in Bildern sprechen. Wir dürfen den
Bildern trauen. Aber zugleich wissen wir, dass es
Bilder sind. Wir können es uns letztlich nicht vorstellen, wie es wirklich sein wird, in Gott zu sein
und miteinander in Gott eins zu sein. Denn in
Gott gibt es keinen Raum und keine Zeit. Und
diesen Zustand können wir uns nicht vorstellen.

Kann auch der Ungetaufte erlöst werden?

Gott bietet jedem Menschen die Erlösung an. Gott war schon immer der erlösende und befreiende Gott. Das Alte Testament spricht davon, dass Gott uns aus der Not erlöst und dass er uns von den Fesseln des Todes befreit. Auch in anderen Religionen ist Gott immer der erlösende Gott, der den Menschen aus seiner Verstrickung in die Welt erlöst. In Jesus Christus kommt Gottes erlösendes Wirken zum Gipfelpunkt. In seinem Tod am Kreuz wird die erlösende und befreiende Liebe Gottes für alle Welt in einer unüberbietbaren Weise sichtbar. Jesus ist für jeden Menschen gestorben, für die Juden und Heiden, für die Getauften und Ungetauften. Johannes drückt das dadurch aus, dass aus dem durchbohrten Herzen Jesu die Liebe Gottes in Blut und Wasser über die ganze Welt ausgegossen wird. Die ganze Welt ist also durch den Tod Jesu berührt und erlöst worden. Aber diese Erlösung muss auch vom Menschen angenommen werden. Für uns Christen ist die Taufe der Weg, in die Gemeinschaft mit Christus aufgenommen zu werden. In der Taufe werden wir der Herrschaft der Welt entrissen und in das Reich Christi aufgenommen, in dem wir Heil und Heilung erfahren dürfen. Aber das bedeutet nicht, dass Jesus die Ungetauften aufgibt. Er ist ihnen auch nahe. Aber für uns ist es gut, in der Taufe die Gemeinschaft mit Jesus leib-

haft zu erfahren. Es ist also gut und wichtig, dass
wir die Kinder taufen. **Aber zugleich dürfen wir
darauf vertrauen, dass Gottes erlösendes Tun wei-
ter ist als die Sakramente der Kirche. Gottes Erlösung umgreift alle Menschen.** Aber auch da kommt
es darauf an, dass sich die Menschen diesem
erlösenden, heilenden und befreienden Wirken
Gottes öffnen. Wir dürfen vertrauen, dass auch
die Ungetauften im Tod Gott in seiner unendlichen Liebe begegnen und dass sie sich dann in
diese Liebe hinein ergeben, weil sie in ihr die
Erfüllung ihrer tiefsten Sehnsucht erkennen.

Kann der Christ die Reinkarnation (Seelenwanderung) als Gottes Gnade für die Entwicklung des Geistes verstehen?

Als Christen glauben wir nicht an die Reinkarnation, sondern an die Auferstehung. Wir werden im Tod in Gott hinein sterben. Und alles, was wir gelebt haben, wird in Gott hinein gerettet. Wir werden mit Leib und Seele zu Gott kommen. Natürlich wird der Leib verwesen. Aber Leib bedeutet, dass wir als Person zu Gott kommen werden. Die Reinkarnation, wie sie im Westen verkündet wird, widerspricht auch der östlichen Tradition. Im Buddhismus glaubt man nicht an eine persönliche Reinkarnation. Man sagt vielmehr, das Karma gelange an den Muttermund. Reinkarnation ist für den Buddhismus ein Fluch. Man möchte ins Nirvana kommen, letztlich also ins Paradies. Nur die, die den Schritt nicht schaffen, müssen den Weg der Reinkarnation gehen. Im Hinduismus will die Idee der Reinkarnation eine Antwort auf die Reinigung des Menschen geben. Der Mensch muss immer mehr gereinigt werden, damit er zu Gott gelangt. Wir vertrauen darauf, dass Gottes Liebe im Tod all das reinigen wird, was in uns noch unrein ist.

Für mich ist die Reinkarnation auch psychologisch keine gute Antwort. Neulich rief mich eine Frau an, der es schlecht ging. Sie sagte, eine Heilerin hätte ihr gesagt, ihr ginge es deshalb so

schlecht, weil sie im früheren Leben eine Mörde-
rin war. Solche Aussagen sind unverantwortlich.
Sie verlegen das heutige Problem in eine nebulöse
Vergangenheit. Manche bekommen dann Angst
und meinen, sie müssten die Sünden ihres früheren Lebens abbüßen. Das ist keine Frohe Botschaft. **Ich möchte im Tod in die Vollendung
kommen, in die Herrlichkeit Gottes, in der für
immer meine Sehnsucht erfüllt sein wird.** Das ist
für mich menschlicher und tröstlicher als der
Gedanke der Reinkarnation.

Haben wir Recht, über jemanden, der die Last des Lebens nicht zu ertragen vermochte und das Leben mit eigener Hand beendet hat, zu urteilen?

Selbstmord steht uns nicht zu. Wir sind nicht Herr über Leben und Tod. Das müssen wir Gott überlassen. Aber auch wenn Selbstmord nicht erlaubt ist, steht es uns nicht zu, über Menschen zu urteilen, die Suizid begangen haben. Denn oft ist es nicht ein Akt wirklicher Freiheit, sondern ein Akt der Verzweiflung am Leben. Sie können diese Welt nicht ertragen, weil sie zu schrecklich für sie ist. Oft sind es sehr sensible Menschen, für die diese Welt zu hart ist. Oder aber Menschen sind ihrer Depression nicht wirklich frei und fühlen in sich einen inneren Drang zum Suizid. Wir dürfen über solche Menschen nicht urteilen. Wir dürfen vielmehr vertrauen, dass dieser Weg – auch wenn wir ihn nicht gutheißen – für sie trotzdem der Weg in Gottes Barmherzigkeit war und dass sie nun von Gottes Liebe umfangen werden. **Wir sollen für den, der Suizid begangen hat, beten, dass er in der Begegnung mit Gottes Liebe nicht an sich und seiner Schuld verzweifelt,** sondern sich vertrauensvoll in Gottes Liebe hineinfallen lässt. Und wir sollen überlegen, woran dieser Mensch gelitten hat, wie katastrophal sein Selbstbild gewesen sein muss, dass er keinen anderen Ausweg gefunden hat, als sich das Leben zu nehmen. Und wir sollen

nach der Botschaft fragen, die sein Leben und
Sterben an uns richtet. Woraus hat er gelebt?
Was war seine Sehnsucht? Woran hat er gelitten?
Was konnte er nicht aushalten? Und dann sollen
wir Gott bitten, dass wir Ja sagen können zu
unserem Leben.

Die Kirche hat das frühere Verbot, Selbstmörder
zu bestatten, aufgehoben. Sie hofft für jeden
Menschen, auch für den, der Hand an sich gelegt
hat. Und sie empfiehlt ihn der Barmherzigkeit
Gottes. Sie vertraut darauf, dass Gottes Barmherzigkeit größer ist als menschliche Schuld.

Aber da Suizid oft Ausdruck einer Krankheit oder
eines inneren Zwanges ist, können wir gar nicht
von Schuld reden. Wir überlassen den Verstorbenen ganz der unbegreiflichen Liebe Gottes.

Sie sprechen über Menschen, die ihr Leben nicht ertragen konnten und einen Selbstmord begangen haben. Wie verstehen Sie in diesem Sinn die Worte, dass Gott dem Menschen nur so viel zutraut, wie viel der Mensch zu tragen vermag?

Ich vertraue darauf, dass Gott mir nur soviel zutraut, wie ich zu tragen vermag. Dieses Vertrauen nimmt mir die Angst, dass ich einmal überfordert sein werde. Alfred Delp, der deutsche Jesuit und Widerstandskämpfer im Dritten Reich, hat bei der Folterung im Gefängnis die Richtigkeit dieser Worte erfahren. Bei den Schmerzen der Folterung dachte er zuerst, er würde dabei zerbrechen. Aber das Vertrauen, dass Gott ihm die nötige Kraft gibt, hat ihn gestärkt und ihn befähigt, die Situation des Gefängnisses bis zur Hinrichtung auszuhalten. Doch wir dürfen nicht urteilen über einen, der sich mit dem Leben überfordert fühlt. Ich würde ihm diesen Satz als Ermutigung und Trost zusagen, wenn er nicht mehr weiterleben möchte. Aber wenn er dann trotzdem Suizid begeht, dann kann ich ihn nur Gott übergeben. Er hatte offensichtlich subjektiv das Gefühl, er würde das Leben nicht schaffen. **So bete ich für ihn, dass er auf diesem Weg in Gott hinein gestorben ist,** auch wenn ich diesen Weg nicht gutheiße. Suizid begehen vor allem Menschen, die von Depressionen heimgesucht werden. In der

Depression ist alles dunkel in ihnen. Sie sehen kein Licht. Eine endogene Depression ist eine Krankheit. Da ist das Urteilsvermögen eingeschränkt. Man sieht alles nur dunkel und erkennt keinen Ausweg aus der Verzweiflung. Für diese Menschen ist der Selbstmord die Konsequenz ihrer inneren Ausweglosigkeit. In diese Ausweglosigkeit dringt auch das Wort von Gott, der ihnen nicht zuviel zutraut, nicht hinein. Sie fühlen sich verzweifelt und verlassen. Und sie sehen den Suizid als einzigen Ausweg. Wir können uns nicht vorstellen, wie es in der Seele eines solchen Menschen aussieht. Daher dürfen wir vertrauen, dass Gott diese verzweifelten Menschen im Tod in seine Liebe aufnimmt.

Welche Hilfe bieten Sie den Trauernden in Deutschland? Ich habe gehört, dass Sie im Kloster Wochenkurse halten, wo sie lernen können, wie man mit dem Verlust der geliebten Person zurechtkommt. Ich kenne eine Frau, die nach Verlust ihres achtzigjährigen Ehemanns keine Lust zum Leben mehr hatte und um Euthanasie bat.

Ich biete jedes Jahr einen Kurs für Trauernde an. Es ist ein Wochenendkurs. Ich versuche, den Teilnehmern und Teilnehmerinnen Hilfen anzubieten, wie sie mit dem Verlust des lieben Menschen umgehen können. Dabei ist wichtig, dass sie ihre Trauer zulassen. Aber die Trauer braucht ein Ziel. Wir versuchen, in Ritualen die Trauer zu verwandeln und durch den Schmerz hindurch eine neue Beziehung zu dem Verstorbenen aufzubauen. Der Verstorbene begleitet uns von Gott her. Manchmal dürfen wir seine helfende Nähe in sichtbaren Zeichen spüren. In der Eucharistiefeier können wir die Gemeinschaft mit ihm auf neue Weise erfahren.

Und was die verwitwete Frau angeht, ich hätte sie gefragt, ob ihr Ehemann damit wohl einverstanden wäre. Was möchte er ihr sagen? Und ich hoffe, dass sie dann gespürt hätte, dass er will: Lebe du nun dein Leben. Zeige deine Liebe zu mir dadurch, dass du das, was wir gemeinsam gelebt haben, nun auf deine Weise lebst.